DIEGO RIVERA
una retrospectiva

Presentan esta exposición el Instituto Nacional de Bellas Artes,
Secretaría de Educación Pública, México; la Founders Society
Detroit Institute of Arts (Sociedad de Fundadores del Instituto
de Artes de Detroit), EUA, y la Secretaría de Relaciones
Exteriores, México.

Colaboró en su presentación internacional la Ford Motor
Company Fund, con la ayuda del National Endowment
for the Arts, dependencia federal del gobierno de
los Estados Unidos de América.

Portada:
La canoa enflorada, 1931.
Fotografía: Bob Schalwijk

ISBN-968-29-1133-8

Este catálogo fue realizado gracias a la colaboración de Ford Motor Company.

Mujer con frutas, 1932. Boceto para el muro norte del mural *La industria de Detroit*

DIEGO RIVERA
una retrospectiva

Museo del Palacio de Bellas Artes
Septiembre 1986/enero 1987

MÉXICO, D.F.

El Instituto Nacional de Bellas Artes rinde homenaje una vez más a Diego Rivera, ahora con motivo del centenario de su natalicio. Es posible afirmar que esta exposición es la más amplia y trascendente de las que hasta la fecha se han presentado del artista, ya que permite conocer obras provenientes de colecciones extranjeras que no habían sido expuestas en nuestro país, entre ellas los tres dibujos preliminares en gran escala de los catorce que hizo Rivera en 1932 para los murales del Instituto de Artes de Detroit, institución que los descubrió y restauró y con la cual hemos sumado esfuerzos en la organización de la muestra.

Esta selección de pinturas y dibujos jamás exhibidos en México se auna a las obras de nuestro acervo nacional; además, una interesantísima colección de fotografías de figuras famosas de la época permite redondear una visión de conjunto acerca de la obra y vida del maestro. En el aspecto teórico se ha procurado dar a la exposición un enfoque que abra nuevos caminos a la interpretación crítica de la obra riveriana, espíritu que animó igualmente al simposio *Diego Rivera Hoy,* auspiciado por el INBA en razón del Centenario y cuyas ponencias han sido publicadas en forma de libro.

El presente catálogo tiene el propósito de dar a conocer al público una serie de efemérides que abarcan la vida profesional del pintor, así como los acontecimientos culturales de mayor importancia que cumplieron en el mismo lapso.

La obra de Diego Rivera, como la de Orozco y Siqueiros, marca un hito radical en la historia del arte del siglo XX. El carácter polémico de la personalidad y de la producción creativa del guanajuatense prueba su perenne vigencia, desde cualquier enfoque que se escoja para evaluarlas.

Es nuestro objetivo que estas manifestaciones de homenaje proyecten nuevas luces en el estudio y la justa apreciación de uno de los creadores más lúcidos y prolíficos del arte nacional.

Javier Barros Valero
Director del Instituto Nacional de Bellas Artes

Rivera y su tiempo

El 8 de diciembre nace José Diego María de la Concepción Juan Nepomuceno Estanislao de la Rivera Barrientos Acosta y Rodríguez en la ciudad de Guanajuato, Gto., en la calle de Pocitos, número 10. Sus padres: Diego Rivera, maestro de primera enseñanza y periodista

1886 quien a sus 34 años desposa a Maria del Pilar Barrientos, de 22 años. Abuelo paterno: Diego Anastacio de la Rivera, español, comerciante en Cuba y soldado en Guanajuato, quien casa a los cincuenta años con Inés Acosta, de 17 años, mexicana de origen judío-portugués y quien a los 72 años se mantiene como luchadora juarista. Abuelos maternos: Juan B. Barrientos, español, telegrafista y operador de minas, casado con Nemesia Rodríguez, mestiza, de Salamanca, Gto. Diego nace primero que su hermano gemelo José Carlos María. Como nacen el día de la Concepción, su madre los bautiza con el mismo nombre para cumplir su voto a la Virgen María. Fallecen Joaquín Ramírez y Rafael Flores, maestros de la Academia de San Carlos. Joaquín Clausell llega a la ciudad de México y Germán Gedovius sale a Europa. Nace Kokoschka. El aduanero Rousseau exhibe en el Salón de los Independientes. Se inaugura la Estatua de la Libertad. Se inventa el linotipo.

1887 Su padre edita el periódico liberal *El Demócrata*. Se inaugura el monumento a Cuauhtémoc, obra de Miguel Noreña, en el paseo de la Reforma. Nace Saturnino Herrán. Boecklin pinta *La Sirena*. Borodin compone *El Príncipe Igor*. Los tranvías aparecen en Richmond, Virginia.

Muere su hermano gemelo José Carlos María. Su madre, para aliviar su pena, ingresa a la Escuela de Medicina en donde se graduará como obstetra. Debido a esto Diego es puesto bajo el cuidado de su nodriza, una curandera india que habita en la sierra.

1888 (Rivera contará después que ahí lo amamantó una cabra y que aprendió a hablar en purépecha antes que en español). Velasco termina *Valle de México desde el Olivar del Conde* y viaja a la Exposición Universal de París. Nace Ramón López Velarde. Ensor: *Entrada de Cristo en Bruselas.* Primera Exposición de *Arts and Crafts* en Londres. Van Gogh y Gauguin se encuentran en Arles.

1889 Primeros dibujos bajo el estímulo de su padre. Su niñez transcurre en un medio social de campesinos y mineros que le es completamente familiar. Introducción del alumbrado eléctrico en la ciudad de México para las fiestas patrias de septiembre. En Normandía se forma el grupo "Los Nabis" o "Los Profetas" que se inspiran en Gauguin. Se construye la Torre Eiffel. Pedro II es derrocado en el Brasil instaurándose la República.

1890 Abandona la sierra para vivir con su familia en Guanajuato. Su padre le enseña a leer y a escribir. Velasco regresa de Europa. Orozco llega a los siete años a la ciudad de México. Se suicida Van Gogh. Exposición "Les XX" en Bruselas. Se inventan las llantas neumáticas.

Nace su hermana María de la Concepción. En el templo de San Diego lanza su famoso discurso ateo en contra del padre capellán y las beatas en plena misa. Tiene cinco años de edad. Sus condiscípulos lo llaman "Chilebola", "por chiquito, redondo y picoso". Se inaugura el **1891** Hemiciclo a Juárez, del Arq. Guillermo Heredia y del escultor Lazaroni. Mueren Seurat, Rimbaud y Luis Coto. Nace Max Ernst. Wilde publica *El Retrato de Dorian Gray.* Gaudí inicia la Iglesia de la Sagrada Familia en Barcelona. Edison inventa la cámara y el proyector cinematográfico.

El liberalismo de su padre se torna conflictivo obligando a la familia a abandonar Guanajuato y a trasladarse a la ciudad de México. El cambio perjudica a Diego quien enferma, sucesivamente, de fiebre escarlata, tifoidea y difteria. Su tía abuela le muestra su colección de arte popular mexicano y queda profundamente impresionado. Leandro Izaguirre pinta *El* **1892** *suplicio de Cuauhtémoc.* Posada y Don Antonio Venegas Arroyo culminan su espléndida labor editorial. Díaz Mirón da muerte a Federico Walter. Ultimos triunfos del *impresionismo* en París.

*Retrato de María
Barrientos de Rivera
(madre del artista),* 1896

1893 Se hospedan en un hotel de la calle Rosales donde su padre trabaja como tenedor de libros. Velasco innova dentro de su estilo con una obra maestra: *La Hacienda de Chimalpa*. Se construye el edificio Horta en Bruselas, arquetipo del *art nouveau*. Frank Lloyd Wright: Winslow House. Aparece el motor diesel.

1894 Nace su hermano Alfonso quien sólo vive ocho días. Su madre lo inscribe en el colegio católico de San Antonio donde sólo durará tres meses. Se interesa tanto por la historia militar como en la manufactura de juguetes mecánicos. Rebull inicia la serie *Las Bacantes* en el Castillo de Chapultepec. Gutiérrez Nájera funda la *Revista Azul*. Mahler estrena su *Sinfonía número 2*.

1895 Brillante alumno en el colegio católico "Carpentier". Su padre cubre las paredes del cuarto de Diego con cartulinas para que dibuje cuanto se le ocurra. Dibuja *Manteando al Diablo*. Ruelas regresa de Europa. Nace Manuel Rodríguez Lozano. Picasso ingresa a la escuela de Bellas Artes de Barcelona. Martí inicia la Guerra de Independencia en Cuba. H. G. Wells: *La Máquina del Tiempo*.

Se matricula en el Liceo Católico Hispano-Mexicano. A los diez años de edad se inscribe en el turno matutino de la Escuela Nacional Preparatoria y, después de sus clases, asiste a los cursos nocturnos de la **1896** Academia de San Carlos, donde Andrés Ríos, pintor costumbrista, le enseñará a dibujar y será su primer maestro. Como anuncio de su talento, lleva a cabo el *Retrato de María Barrientos de Rivera*. Nace Siqueiros. Jesús Contreras: estatua ecuestre de Ignacio Zaragoza, en Puebla. Horta: La Casa del Pueblo, en Bruselas. Becquerel descubre las radiaciones del uranio.

1897 En su camino a la Academia, todos los días acostumbra detenerse a contemplar, al igual que Orozco, cómo José Guadalupe Posada crea sus extraordinarios grabados, en su taller, ubicado a media cuadra de la escuela. Esta experiencia será decisiva en la vida de ambos artistas. Rousseau: *La gitana dormida*. Townsend abre la Galería Whitechapel en Londres. Guerra entre Grecia y Turquía.

A los doce años de edad ejecuta un gran dibujo: *Cabeza de Mujer* y uno de sus primeros óleos: *Cabeza clásica*. Aparece en México la *Revista Moderna* que será la mejor publicación literaria latinoamericana. Nacen Henry Moore y Alvar Aalto. Beardsley: *Isolda*. Zola publica su célebre "Yo acuso" en defensa de Dreyfus. Explosión del acorazado "Maine" en La Habana, por el cual los Estados Unidos declaran la guerra a España y, al derrotarla, ganarán Puerto Rico, Guam y Las Filipinas.

1898

Por agradar a su padre se inscribe en el Colegio Militar, del cual será despedido en dos semanas. Se inscribe en los cursos diurnos de la Escuela de Bellas Artes gracias a la obtención de una beca. Serán sus maestros más importantes: Félix Parra, quien le descubre el arte prehispánico, Santiago Rebull, quien lo introduce en el neoclasicismo y, sobre todos, José María Velasco, quien además de enseñarle paisaje y perspectiva, lo familiarizará con la "sección áurea" e influirá decisivamente en su tratamiento de la figura. Su texto "Fundamentos. Compendio de perspectiva aérea y lineal, sombras, reflejos y refracciones" lo orientará a la creación de un arte ordenado y racional. Dibuja *Cabeza de Virgen*. Mueren Sisley y el grabador yucateco Gabriel Vicente Gahona, "Picheta". Nacen Borges y Tamayo. Gauguin: *¿De dónde venimos; quiénes somos; a dónde vamos?* Munch: *La danza de la vida*. Se presenta el grupo de los Nabis. Marconi: telégrafo inalámbrico por ondas hertzianas.

1899

Guirnalda y *Retrato de mujer* son testimonios de su maestría académica. Ruelas: *Autorretrato*. El Dr. Atl obtiene la Medalla de Plata con *Autorretrato* en el Salón de París. Lo mejor de la Exposición Universal de París: el *art nouveau*. Gaudi: el Parque Güell en Barcelona. Freud: *La interpretación de los sueños*. Planck: teoría de los cuanta. Los hermanos Flores Magón publican el periódico antirreleccionista *Regeneración*. La Secretaría de Relaciones Exteriores deja el Palacio Nacional y se instala en la avenida Juárez. Los Estados Unidos afianzan sus pretensiones canaleras sobre Nicaragua e involucran a Costa Rica. Imponen los Tratados Hay-Corea y Hay-Calvo. La revolución nacionalista de los boxers es derrotada en China por un contingente militar internacional.

1900

La Academia no tiene ya nada que enseñarle a los quince años de edad. Se descubre la valiosa escultura mexica Océlotl-Cuauhxicalli que actualmente se exhibe en el Museo Nacional de Antropología e Historia. Revilla analiza la obra del escultor mestizo Pedro Patiño Ixtolinque. Se inicia la construcción de la Casa *art nouveau* de Santa Veracruz 43. Picasso inicia su "Período Azul". Ravel: *Juegos de agua.* Roentgen y Konrad, Premios Nobel de Física por descubrir los Rayos X. Behring: Premio Nobel de Medicina por el suero antidiftérico. Nernst publica *La Tercera Ley de la Termodinámica.* Aparece el primer coche Ford. Los Estados Unidos imponen a Cuba la Enmienda Platt.

1901

Pinta *Estudio académico.* Austria distingue a Velasco con la Cruz de Francisco José. El Dr. Atl regresa de Europa y entusiasma a los jóvenes artistas con sus charlas y conferencias sobre el muralismo renacentista y el arte moderno europeo. Mueren Rebull y José Obregón. Concierto de Ricardo Castro en el Teatro Renacimiento. Muere el Gral. Mariano Escobedo. Debussy estrena *Pelléas y Melisande.* Meliès: *Viaje a la Luna.* Zeeman: Nobel de Física, por descubrir el "efecto Zeeman" con el cual pueden medirse los campos magnéticos de las estrellas. Inglaterra, Italia y Alemania intervienen militarmente en Venezuela. Los Estados Unidos deciden construir un canal interoceánico ya sea por Panamá o Nicaragua.

1902

El pintor catalán Antonio Fabrés Costa llega de España para dirigir la Escuela Nacional de Bellas Artes. Introduce el método Pillet (creado por el francés Jules-Jan Desiré Pillet) que, al estar regido por un realismo casi fotográfico, provoca el rechazo de Rivera y del Dr. Atl. Nace Fermín Revueltas. Se inicia la estructura de hierro del Palacio Legislativo proyectado por Emile Bernard (después se convertirá en el monumento a la Revolución). Muere Gauguin. La joyería Cartier abre sucursal en Nueva York. Pierre y Marie Curie, Premios Nobel de Física por sus investigaciones sobre la radioactividad. Los hermanos Wright ejecutan el primer vuelo en aeroplano. Panamá se constituye en República Independiente al separarse de Colombia y firma un contrato con los Estados Unidos para la construcción del Canal.

1903

Al no estar de acuerdo con los obsoletos programas académicos de Fabrés, abandona la Academia y se instala por su cuenta. Ingresa a la Escuela de Medicina para estudiar Anatomía. Conoce al Dr. Atl. Dedica mucho tiempo a los paisajes: *La Era, La Hacienda de Chiconquíhuitl* y *La Castañeda* (llamada también *Paseo de los melancólicos*); acusan la fuerte influencia de Velasco. Pinta *El albañil* dentro del estilo de Rebull. *Retrato del Arq. Alfredo Escontria* y *Retrato de José Pomar*. Participa en la exposición anual de los alumnos de la Academia. Se estrena *Chin-Chun-Chan* de Elizondo y Jordá con lo que se inicia el teatro popular con una gran carga alburera de crítica política. Ruelas: *Entrada de Don Jesús Luján a la Revista Moderna*. Boari inicia la construcción del Teatro Nacional (después Palacio de Bellas Artes). Fabrés: *Los Borrachos* y el *Miguel Hidalgo*, este último para Palacio Nacional. Muere Felipe S. Gutiérrez y nace Dalí. Herrán ingresa a la Academia. Se incluye la clase de Fotografía en la Academia. Revilla da comienzo al catálogo de las colecciones de la Escuela Nacional de Bellas Artes. Sexta reelección de don Porfirio. Chejov: *El jardín de los cerezos*. Estados Unidos invade a Santo Domingo y a Panamá. Guerra entre Rusia y Japón.

Pinta *Retrato de Ponce de León*. Justo Sierra concede oficialmente "al estudiante Diego Rivera una beca de $20 mensuales por haber obtenido medalla en el concurso de Dibujos de Modelos Vestidos". Asimismo, Sierra beca a Roberto Montenegro para que estudie en Europa. Herrán exhibe por primera vez su obra en la Escuela de Bellas Artes. El Dr. Atl dicta encendidas conferencias en contra del academismo abogando por un arte de raíces nacionalistas. Velasco: *El Valle de México visto desde el cerro de Guadalupe* y *El Valle de México visto desde el cerro del Tepeyac*. Fabrés decora la Sala de Armas de Porfirio Díaz. Gamio inicia la exploración metódica de Teotihuacán. Escándalo en París por la primera exposición de *Les fauves* o *Las fieras*. Darío: *Cantos de vida y esperanza*. Einstein: *Teoría general de la relatividad*. Poincaré: *Las Matemáticas y la Lógica*. En Chicago se funda la central "Obreros Internacionales del Mundo". Aparición de los primeros soviets en la Rusia zarista. Freud: *Tres ensayos sobre teoría sexual*.

Presenta por primera vez su obra en la exposición *Savia Moderna* organizada por la revista del mismo nombre y de la cual es miembro: *La barranca de México* y *Citlaltépetl*. Posteriormente realiza *Autorretrato*. El gobierno de Guanajuato le niega una beca para irse a Europa. su padre lo lleva a entrevistarse con Teodoro Dehesa, gobernador de Veracruz, quien ha manifestado admiración por sus obras. Le concede una beca por 300 francos mensuales con la condición de que viva tres

Autorretrato, 1906

meses en Madrid como pintor, que le envíe un cuadro cada seis meses y de que exponga en el Salón de los Independientes en París. Ruelas: *La Crítica*. El Museo Nacional de Historia inicia sus clases de historia, arqueología y etnología. Orozco ingresa a la Academia de San Carlos. Muere Cézanne. Primera exposición del grupo *Die Brücke*. Picasso inicia el *cubismo* con *Las Señoritas de Avignon*. Upton Sinclair: *La Jungla*. Richard Strauss: *Salomé*. Thomson, Premio Nobel de Física por sus estudios sobre el electrón. Destrucción de San Francisco por un terremoto.

En Orizaba presencia las manifestaciones de los obreros huelguistas de Río Blanco y se une a ellos. Es testigo de las matanzas ejecutadas por las tropas federales los días 7 y 9 de enero en contra de los obreros. El Dr. Atl le organiza una exposición para recaudar fondos

1907

para su pasaje a Europa. Llega a Madrid con una recomendación del Dr. Atl para que Eduardo Chicharro lo acepte en su taller. Se inscribe en la Academia de San Fernando pero estudia con Chicharro, teniendo como condiscípulos a Ceferino Palencia, a Margarita Nelken y a María Gutiérrez Blanchard. Vive en los museos estudiando y copiando a los maestros. Pinta sus primeras obras: *Paisaje de Avila, Casona de Vizcaya, Piedra vieja y flores nuevas* (que después llamará *Iglesia de Legueitío* y *Autorretrato*. Se introduce en el medio intelectual con la Generación del 98 y establece gran amistad con Ramón del Valle Inclán y Ramón Gómez de la Serna. Inicia la lectura de Nietzsche, Zola, Voltaire, Kropotkin, Huxley y Schopenhauer. Primer contacto con la obra de Marx y Darwin. Obtiene medalla de plata en la exposición de Zaragoza. Sorolla lo elogia. Presente en la exposición de artistas mexicanos pensionados integrada por 26 obras. Se inaugura en México el Palacio de Correos, de Adamo Boari. El arquitecto Vicente Rivas Mercado inicia la Columna de la Independencia. Roberto Montenegro, Alfredo Ramos Martínez, Julio Ruelas, Arnulfo Domínguez Bello, Enrique Guerra y Fidencio Nava integran la Delegación Mexicana a la Exposición Internacional de París. Muere Ruelas en París. Matisse presenta en el Salón de los Independientes *La joie de vivre*. Aparece el primer dirigible Zeppelin. Madero: *Sufragio efectivo no reelección*. Dukas estrena sus óperas *Ariadna* y *Barba Azul*. Pavlov: *Lecciones sobre los reflejos condicionados*. Matanza de obreros del salitre en huelga en Iquique, Chile.

Pinta la *La fragua, La calle de Avila, La puerta de Avila*. Participa en la exposición de Chicharro y sus discípulos con *EL Valle de Amblés* (*El*

Autorretrato, 1907

Valle de Avila). El Dr. Atl pinta en una villa romana un mural con influencia miguelangelesca. Se funda la Unión de Pintores Mexicanos.

1908 Siqueiros ingresa al Liceo Franco-Inglés de hermanos maristas. María Conesa llega a México. Andrés Molina Enríquez: *Los Grandes Problemas Nacionales*. Utrillo define su "período blanco". Isadora Duncan presenta *Ifigenia* en la Metropolitan Opera House. Ravel: *Mamá la Oca* y *Gaspar de la Noche*. Rutherford, Premio Nobel de Química por investigar la difusión y dispersión de las partículas alfa. Austria se anexa la Bosnia-Herzegovina.

Antes de abandonar Madrid pinta *El picador*. Llega a París y se aloja en el Hotel de Suez, en donde falleciera Ruelas. Estudia a Daumier y a Courbet. Crea *Nuestra Señora tras la bruma (Nuestra Señora de París)*. Descubre a Cézanne con gran entusiasmo. Inicia un recorrido **1909** por varios países y así, en Brujas, Bélgica, ejecuta *La casa sobre el puente*. Ahí, María Blanchard le presenta a Angelina Beloff (Angelina Petrova Belova) quien sería su primera compañera europea. En Londres pinta *Retrato de Angelina Beloff* y toma apuntes de los estibadores en los muelles y en Trafalgar Square de los choques entre los obreros huelguistas y la policía. Estudia con gran dedicación a Turner y a Blake. Primeros contactos con los marxistas ingleses. Antes de terminar el año crea *Paisaje con molinos*. Muere su maestro José Salomé Pina. El Dr. Atl, por encargo de la Academia, decora el Salón Olavarrieta con un mural que la esposa de Don Porfirio manda destruir por aparecer en él unas bacantes desnudas. Sexta reelección de Díaz. Se funda el Partido Nacionalista Democrático. Madero: *La Sucesión Presidencial en 1910*. Marinetti publica el Manifiesto Futurista. Braque introduce el *collage* en la pintura. El cubismo inicia su fase analítica. Se presentan en París los Ballets Rusos de Diaghilev: Gertrude Stein *Tres Vidas*. T. S. Elliot publica sus primeros poemas. Schönberg: *Cinco piezas para orquesta*. Backeland inventa la baquelita. Peary llega al Polo Norte. Pacto franco-alemán sobre Marruecos.

Es admitido en el Salón de Otoño gracias a *La casa sobre el puente*. En el Louvre estudia a los artistas franceses y holandeses del XIX. Antes de viajar a México con el propósito de refrendar su beca, pinta *Muchacha bretona, Cabeza de mujer bretona, El barco demolido,*

1910

(*Después de la tormenta*) y *Naturaleza muerta con calabaza*. Recoge en Madrid varias de sus pinturas y embarca en Santander rumbo a Veracruz. El domingo 20 de noviembre inaugura su exposición en la Academia de Bellas Artes con 43 obras en total (33 óleos, 9 dibujos y 1 grabado): *El Tajo en Toledo, Avenida en Madrid, Piedra Vieja y Flores Nuevas, En Vasconia, Cuando los remos descansan, El lugar de Pedro, La Casona, La vieja que limpia cacharros, Jardines de La Moncloa, El herrador, La puerta de San Vicente, Catedral de Avila, La Virgen de la Cabeza, La Trilla, El Valle de Ambiés, Nocturno, Hora tranquila, Jardín interior, El picador; París, quai des grands augustins; La casa roja, El Molino de Damme, Canal de Sluis, Interior, Noche, Ventanas sobre el canal, Reflejos, Nuestra Señora tras la bruma, La casa sobre el puente, Retrato, Naturaleza muerta, La vieja de Chauteaulin, Muchacha bretona, El barco demolido, Puerto vasco, La cuesta del Santo Sacramento, Brujas, Estudio, Puerto de pesca, Huerto de Bretaña*. La exposición que debería durar hasta el 11 de diciembre se clausura intempestivamente debido al alzamiento y asesinato en Puebla de los hermanos Serdán dos días antes, lo que desata la Revolución Mexicana. Durante esta exposición se planeó atentar contra Díaz cuando la inaugura, pero no asistió y fue Doña Carmen, su esposa, quien lo hizo e, incluso, adquirió *El lugar de Pedro*. Diego se une a los zapatistas y, al mismo tiempo es activista en el grupo socialdemócrata de Lázaro Gutiérrez de Lara y Everardo González. Félix Parra lo sorprende contemplando las paredes desnudas de la escalera de Palacio Nacional. Fiestas del Centenario de la Independencia. El Dr. Atl organiza el "Centro Artístico" y junto con Orozco, Siqueiros y otros, consigue de don Justo Sierra el Anfiteatro de la Escuela Nacional Preparatoria para pintar murales. Levantan los andamios pero estalla la Revolución y todo se suspende. Madero se fuga de la cárcel de San Luis Potosí, Kandinsky inicia el abstraccionismo. Rousseau: *El sueño de Yadwigha*, obra póstuma. Muere también Tolstoi. Ana Pavlova triunfa en Nueva York. Stravinsky: *El pájaro de fuego*. Gaumont inicia el cine hablado. Ehrlich: el Salvarsán para curar la sífilis. Portugal proclama la República al derrocar a Manuel II.

Denuncian sus actividades revolucionarias y se ordena su aprehensión y fusilamiento. Rivas Mercado lo previene y ayuda a escapar. Antes de salir para Cuba visita al gobernador Dehesa en Xalapa, sirviéndole de emisario ante los revolucionarios. En julio sale a Santander vía La

Retrato de Angelina Beloff, 1909

1911 Habana en el "Alfonso XIII" y de ahí a Madrid rumbo a París a donde llega el 1o. de septiembre con su beca renovada. Viaja inmediatamente a Cataluña. *Paisaje de Cataluña: Montserrat.* A su regreso profundiza el estudio del *divisionismo* o *puntillismo* de Seurat y Signac. Expone en el Salón de los Independientes. Gran amistad con Pissarro quien lo inicia en el *impresionismo.* Díaz renuncia y se exilia en París. Madero asume la Presidencia. Zapata proclama el Plan de Ayala. Raziel Cabildo y Siqueiros encabezan la huelga de los estudiantes de San Carlos. Clausell es nombrado director de la Beneficencia Pública. José Garibaldi llega a México y se une al maderismo. Robo de *La Gioconda* en el Louvre. Exposiciones cubistas en el Salón de los Independientes y en el Salón de Otoño. Duchamp: *Desnudo descendiendo la escalera I.* Chanel inaugura su local de alta costura. Nijinsky interpreta *El espectro de la rosa.* Stravinsky: *Petrouchska.* Granados: *Goyescas.* Apollinaire: *Los pintores cubistas.* Ehrenburg llega exiliado a París. Lenin funda en su exilio de París la Primera Universidad Revolucionaria. Sun-Yat-Sen proclama la República China en Nankin. Se inventa el celofán y el aire acondicionado. Amundsen llega al Polo Sur.

Expone en el Salón de Otoño *Retrato de un español* y *El cántaro.* Breve viaje a España durante el cual estudia a Zuloaga y a Sorolla. Bajo esta influencia pinta *Los viejos.* Inicia el período greco-cezanniano: *Vista de Toledo* y *En las afueras de Toledo, La Adoración de la Virgen,* su **1912** iniciación en el *cubismo,* y *Retrato de Eduardo Chicharro.* Al regresar a París expone en la Galería La Boëtie con el grupo "La Sección de Oro" o Grupo de Puteaux, donde Marcel Duchamp presenta *Desnudo bajando una escalera.* Exhibe dos paisajes en la Sociedad de Artistas Independientes. Muere José María Velasco. Se inauguran las Escuelas de Pintura al Aire Libre. El Ateneo de la Juventud pasa a llamarse El Ateneo de México siendo Vasconcelos su primer presidente y funda la Universidad Popular y la revista *Nosotros.* Manuel Gutiérrez Nájera: *Hojas sueltas.* Félix Díaz se alza en armas contra Madero. Gran exposición cubista y gran escándalo en el Salón de los Independientes. Roberto y Sonia Delaunay: *Formas circulares.* Schönberg: *Pierrot Lunaire.* G. B. Shaw: *Pigmalión.* Alexis Carrel, Premio Nobel de Fisiología por su contribución a la cirugía vascular y trasplante de órganos. Primera Guerra Balcánica. Los Estados Unidos invaden Nicaragua. Naufragio del "Titanic".

Inicia su gran período dentro del cubismo analítico y presenta en el Salón de Otoño *Joven con alcachofas, La joven del abanico* y *Composición*. Realiza *Cerca de Toledo, En la fuente de Toledo, Paisaje de Toledo, Paisaje cerca de Toledo, La vieja aldea, El escultor Óscar Miestchaninoff, El árbol, El sol rompiendo la bruma (Viaducto de Meudon), El Puente de San Martín* y *Toledo*. Exhibe *Retrato de Adolfo Best Maugard* dentro del *simultaneísmo*, un estilo de transición entre el cubismo y el futurismo, que conquista el aplauso de la crítica. Pinta *La mujer del pozo* que, más tarde, por penurias económicas, cubrirá con pintura para poder pintar en su reverso *Paisaje zapatista*. Se le asocia tanto con el grupo de Puteaux como con el de La Ruche (La Colmena). Herrán: *La ofrenda*. Muere Posada. Dr. Atl: *Los volcanes de México*. La Decena Trágica. Asesinato de Madero y Pino Suárez. Huerta usurpa el poder con el apoyo del embajador de los Estados Unidos. Carranza se levanta en armas con el Plan de Guadalupe. Conoce a Ehrenburg. Picasso y Apollinaire ofrecen un banquete al Aduanero Rousseau. Duchamp crea el primer *ready-made* con una rueda de bicicleta. En Nueva York se inaugura el Armory Show. Gris inicia el cubismo sintético. Gran escándalo con *La Consagración de la Primavera* de Stravinsky presentada por Diaghilev. Boccioni crea la obra maestra del futurismo: *Formas únicas de la continuidad en el espacio*. En Moscú, Larinov, Tatin y la Gontcharova inician el *rayonismo*. MacManus: historieta cómica *Educando a Papá*. Poincaré, Presidente de Francia. II Guerra Balcánica. Estados Unidos vende el primer refrigerador y el primer recipiente Pyrex. Proust: primera parte de *En busca del tiempo perdido*.

Introduce en sus cuadros cubistas elementos mexicanos como en el *Retrato de Jacques Lipchitz* y *Naturaleza muerta con balalaika*. En marzo conoce a Picasso, Max Jacob, Cocteau y Apollinaire hacedores y teóricos del cubismo. Después con Gris experimenta el *collage*, el *papier-collé* y el dibujo en *trompe l'oeil* para imitar la realidad y textura de los objetos como *Naturaleza muerta con botella*. Realiza *El despertador, El fusilero marino, Grande de España, El joven de la estilográfica* (Retrato de Adolfo Best Maugard). Con 25 obras presenta su única exposición en París, en la Galería de Berthe Weill quien, al insultar anónimamente a Picasso en el prólogo del catálogo, provoca un escándalo que obliga a Rivera a clausurar inmediatamente la exposición en acto de solidaridad con el malagueño. Estalla la I Guerra

Mundial y Apollinaire, Braque, Léger, Jacques Villon, Duchamp-Villon, Cendrars, Franz Marc y otros se alistan y marchan a las trincheras. Rivera trata de hacerlo pero es rechazado por sus pies planos. Modigliani es rechazado también. Junto con Angelina, la Blanchard y Lipchitz huye de París rumbo a la isla de Mallorca. Ahí enciende el color de su paleta y ejecuta *Paisaje de Mallorca*. Llega a París Marievna Vorobieva-Stebelska. Manuel M. Ponce: *Estrellita*. John Reed: *México Insurgente*. Abundio Martínez presenta un concierto con sus valses, polkas y marchas. Villa y Zapata se entrevistan en Xochimilco y entran triunfalmente a la ciudad de México. Huerta huye a los Estados Unidos. Las tropas estadounidenses invaden México y Santo Domingo. Duchamp, con un portabotellas, inventa otro *ready-made*. Brancusi exhibe en Nueva York, donde también se presenta la exposición *Braque, Picasso* y *Cerámica Mexicana*. Boccioni publica *Dinamismo plástico*. Inauguración del Canal de Panamá. Por primera vez se fabrica mecánicamente el pan en París.

Regresa a Madrid y participa en la exposición del grupo "Los Integros", organizada por Ramón Gómez de la Serna, con *Plaza de toros* y la serie de paisajes mallorquinos. También exponen Robert Delaunay, Marie Laurencin, la Blanchard y Lipchitz. Gran escándalo y la exposición se clausura. Regresa a París donde crea tres obras maestras del cubismo: *Retrato de Ramón Gómez de la Serna* (a la que considerará su mejor pieza cubista), *El arquitecto (Retrato de Jesús T. Acevedo)* y *Paisaje zapatista*. Gómez de la Serna las llamará *riverismo* y Justino Fernández *cubismo de Anáhuac*. Los pintores parisinos ante su audacia en el color y por su mexicanismo lo califican de "exótico". Introduce el puntillismo en el cubismo: *Cabeza verde*. Es la época de *El rastro, La terraza del café, La gran reconstrucción, Bodegón con vaso y botella* y *Retrato de Martín Luis Guzmán*. Termina la beca de Dehesa y también la pensión que Angelina recibe de Moscú. Empieza el hambre. Talla pipas de visagra que vende en los cafés. Conoce a Marievna. Antonio Caso: *Filósofos y doctrinas morales*. Alfonso Reyes: *Visión de Anáhuac*. Enrique González Martínez: *La muerte del cisne*. José Rubén Romero: *Cuentos rurales*. Julián Carrillo: el sonido 13. Muere en París Porfirio Díaz. Primera exposición de Man Ray en Nueva York. Archipenko: *Mujer peinándose*. Manifiesto del Teatro Futurista Sintético. Milhaud: *Las Coéforas*. Einstein: *Teoría general de la relatividad*. Freud: *Origen y desarrollo del psicoanálisis*. Submarinos alemanes hunden al "Lusitania". Fusi-

1915

lamiento de Mata-Hari. En San Diego, Cal., se inaugura la Feria Mundial. Se inventa la lámpara de neón. Se emite la palabra por radioteléfono de Vermont, Estados Unidos, a París y Hawai. Griffith: *El Nacimiento de una Nación*. En Portugal, insurrección y dictadura del general Pimenta de Castro.

Viaja a España por breve lapso para vender algunas obras y retorna a París donde se convierte en el teórico mayor del grupo "Cubismo, Cristal o Clásico", calificado así por el crítico Maurice Raynall. Inventa "La Máquina de Rivera" para ver los cuadros en

1916

cuarta dimensión y con la que logra *El pintor en reposo*, *Retrato de un poeta* y *Retrato de Maximiliano Voloshin*. Tiene un período de intensa producción: *Bertha Kritoser, Composición con busto, Naturaleza muerta con limones, Naturaleza muerta con marco, El poste de telégrafo, Angelina y el niño Diego, Maternidad, Naturaleza muerta con vaso de flores, Naturaleza muerta, Mujer en verde (Retrato de Angelina), Autorretrato, La lejía*. Firma contrato con la Galería Rosenberg para la distribución y venta de su obra. Ilustra dos libros de Ehrenburg, le hace un retrato cubista y, de éste, una litografía. El 11 de agosto, en un hospital público, nace su hijo Diego, procreado con Angelina. A pesar de esto, meses después se une a Marievna. Participa en dos colectivas de posimpresionistas y cubistas en la Galería Moderna de Mario de Zayas en Nueva York. Poco después tiene allí una pequeña muestra individual en la que se incluyeron piezas prehispánicas. Herrán: *Nuestros dioses*. Azuela: *Los de abajo*. Alfonso Cravioto: *Eugene Carrière*. López Velarde: *La sangre devota*. Los artistas de los teatros Principal, Mexicano y Calón se van a la huelga porque los empresarios no quieren reconocer al Sindicato de Artistas y Escritores. Huerta muere en El Paso, Texas. Muere don Joaquín de la Cantolla y Rico. Villa ataca Columbus, Nuevo México. Calles, gobernador de Sonora, expulsa a los sacerdotes católicos por las declaraciones antigubernamentales del obispo Ignacio Valdespino y Díaz. En Zurich, se crea el *dadaísmo* en el Cabaret Voltaire y, en Nueva York, la Sociedad de Artistas Independientes. Lloyd Wright construye el Hotel Imperial de Tokio. Samuelson diseña la botella de Coca-Cola. Barbuse: *El fuego*. La Pavlova triunfa en Nueva York con *La Bella Durmiente*. Romain Rolland, Premio Nobel de la Paz. Los Estados Unidos compran las Indias occidentales danesas. Batalla de Verdún. Expedición punitiva del Gral. Pershing para combatir a Villa: nunca lo encontró.

Autorretrato, 1918

"L'affaire Rivera": Pierre Reverdy, poeta y crítico de poderosa influencia económica en el medio artístico parisino insulta a Rivera en una exposición; éste lo abofetea y se arma el escándalo. Todos lo abandonan. Así empezó el boicot por el cual nadie mencionará **1917** su nombre y el valor de su obra posteriormente. Incluso es rechazado por sus representantes de la Galería Rosenberg. Empieza a abandonar el cubismo para retomar la gran influencia cezanniana. Al estallar la Revolución de Octubre, él y Modigliani tratan de conseguir visas para Moscú pero no lo logran. Las autoridades francesas empiezan a coaccionarlo por su ideología socialista. *Naturaleza muerta con flores, Dibujo cubista, Retrato de Madame Lhôte, Naturaleza muerta con utensilios, Mujer sentada en una butaca* (Retrato de Marievna), *Naturaleza muerta con pan y frutas, Naturaleza muerta con cigarros.* Elie Faure lo incluye en la exposición "Los Constructores". Su amistad será decisiva en la formación intelectual de Rivera. La penuria económica en que viven él y Angelina les impide atender al enfermizo Dieguito y así muere de neumonía y de frío. Salvador Díaz Mirón: *Poemas escogidos.* Torri: *Ensayos y poemas.* La Academia de San Carlos inicia un sistema de educación sobre la base del cinematógrafo. Virginia Fábregas invita a Benavente y a Villaespesa a dictar conferencias en México. Andrés Molina Enríquez sostiene una charla sobre arte prehispánico en la Escuela Preparatoria. Luis Rosado Vega: *Nicté-Ha.* Los arquitectos Federico Mariscal e Ignacio Capetillo comienzan la construcción del Teatro Esperanza Iris. Carlos Chávez: *Preludio y fuga. Sonata y fantasía.* Manuel Gamio es nombrado director de la Escuela Internacional Arqueológica. Se promulga la Constitución. Carranza asume la Presidencia y ratifica la neutralidad de México durante la I Guerra Mundial. Otilio Montaño es fusilado por las propias fuerzas zapatistas. Aparecen las revistas *De Stijl, Nord-Sud* y *Dada,* fundadas por Mondrian, el grupo de Breton, y Tristán Tzara, respectivamente. El Ballet de Diaghilev estrena *Parade* con escenografía y vestuario de Picasso, coreografía de Massine, textos de Cocteau y música de Satie. El escándalo que provoca marca una gran fecha en el arte moderno. Satie es encarcelado. Modigliani es obligado a retirar de una exposición sus cuadros de desnudos femeninos. Prokofiev: *Primera Sinfonía.* Poulenc: *Rapsodia negra.* La Original Dixieland Jazz Band triunfa en París. Bromfield y Dos Passos se alistan en el ejército francés. Sullivan: *El Gato Félix.* Estados Unidos entra a la Guerra. Independencia de Finlandia.

Abandona el cubismo y estudia tanto a los holandeses como a Ingres y Renoir. Profundiza en Cézanne. *Paisaje de Arcueil, Paisaje de Piguey, Paisaje francés, Naturaleza muerta inconclusa, Naturaleza muerta española, Naturaleza muerta, Naturaleza muerta con botella de anís, Naturaleza muerta con porrón, Retrato de Angelina Beloff, Acueducto, Retrato de Levedeff, Autorretrato, Retrato de Elie Faure.* Alberto Pani, embajador de México, lo estimula a volver a México pero Rivera considera no estar preparado todavía para ello. Viaja por el centro de Francia estudiando las catedrales góticas y románicas por recomendación de Faure. Muere Herrán. Martín Luis Guzmán: *El Aguila y la Serpiente.* Lázaro Gutiérrez de Lara, líder de Cananea, es fusilado. Rivera le rendirá homenaje en el mural de Palacio Nacional. Matisse: *Gran interior rojo.* Kokoschka: *Paganos.* Malevich: *Blanco sobre blanco.* Muere Apollinaire. Ozenfant: *Manifiesto del purismo.* Chaplin filma *Armas al hombro* y Gance *Yo acuso.* Concluye la Primera Guerra Mundial. Comienza en Córdoba, Argentina, la Reforma Universitaria. Islandia se independiza de Dinamarca. Se funda la República de Weimar. La Renault fabrica pequeños tanques de guerra. Se inventa la tostadora automática de pan.

Dentro del cezannismo crea una obra maestra: *El Matemático.* Además, *Naturaleza muerta, Alquerías, La mujer del bolso rojo, Desnudo, Mujer desnuda, Mujer frente al espejo, Paisaje francés.* Conoce a Siqueiros recién llegado a París después de haber participado militarmente en la Revolución Mexicana. El 13 de noviembre Marievna tiene una hija con él, Marika, a la que llamará "La hija del armisticio" y nunca la reconocerá legalmente. Muere Félix Parra. Zapata es asesinado. Brancusi: *Pájaro en el espacio.* Léger da principio a su "período mecánico". Braque es nombrado Caballero de la Legión de Honor por sus méritos en la guerra. Gropius funda la Bauhaus. De Falla: *El sombrero de tres picos* con escenografía y vestuario de Picasso. Bartok: *El mandarín milagroso.* Virginia Woolf: *Día y noche.* Schwitters: *Construcción para damas nobles.* Wiene: *El Gabinete del Dr. Caligaris,* filme clave en el expresionismo alemán. Rutherford logra la fisión atómica. Bordet descubre el bacilo de la tosferina y obtiene el Premio Nobel. Creación del Partido Fascista Italiano. Fundación de la III Internacional. Tratado de Versalles. Guerra Civil en Rusia. En el Perú una huelga general impone la jornada laboral de ocho horas. Independencia de Polonia y de los Países Bajos. Tsiolkovsky es admitido en la Academia Soviética de Ciencias por sus descubrimientos en aeronáutica espacial. Se constituye la República Alemana. Se proclama la Ley Seca en los Estados Unidos.

Inicia su viaje a Italia auspiciado por la Universidad de México y, gracias a la intervención de Pani, Alfonso Reyes y Vasconcelos, es comisionado para establecer relaciones culturales entre ambos países. Pani le envía a París los planos del Anfiteatro de la Escuela

1920 Preparatoria para que los estudie y sobre ellos hará bocetos de los murales de Ravena. Elie Faure lo orienta hacia el estudio del muralismo bizantino. *Hermana de la Caridad, El niño escribiendo, En el viñedo, Retrato de Alberto Pani, Retrato de la Sra. Esther Alba de Pani, La mujer del chal rojo, La operación* (en donde incluye al Dr. Faure; años más tarde la recreará en una grisalla de la Secretaría de Educación Pública). En Barcelona expone en la Galería Dalmau y en Nueva York participa en la exposición de la Societé Anonyme. Se apasiona por la sensualidad de la pintura de Renoir y la estudia. Su cuadro *En el viñedo* muestra esta influencia. Asesinato de Carranza. Obregón es electo Presidente. Villa se retira a su Hacienda de Canutillo. Vasconcelos asume la Secretaría de Educación Pública. *Estudios indostánicos*. Primera Feria Internacional Dada en París. Los hermanos Gabo y Pevsner firman en Moscú el "Manifiesto realista" que creará el *constructivismo*. Muere Modigliani y con él el espíritu del Montparnasse de preguerra. Mondrian inaugura el *neoplasticismo*. Milhaud: ballet *El buey sobre el tejado*. Se funda la Sociedad o Liga de las Naciones en Ginebra. Gandhi inicia su movimiento en contra de la violencia. En Estados Unidos las sufragistas obtienen el voto.

En abril termina su recorrido por Italia con 350 apuntes y dibujos. Viaja en mayo a Ginebra a montar una exposición sobre la Escuela de París. El 7 de junio abandona París y en julio, bajo el patrocinio de Obregón, retorna a México. Obregón le otorga el grado de general

1921 de brigada con un sueldo de $20 diarios, un pase para viajar por todo el país y la autoridad suficiente para recabar la ayuda y los recursos que necesite. Vasconcelos lo invita a viajar con él por el sureste de la República en compañía de otros intelectuales. Los apuntes que

Autorretrato, 1921

levanta en Oaxaca y Yucatán habrán de servirle para sus murales en la Secretaría de Educación. Es nombrado asesor artístico del Departamento de Publicaciones de la SEP. Inicia su primer mural *La Creación* en el Anfiteatro de la Escuela Nacional Preparatoria, a la encáustica, y con ello, el renacimiento artístico de México y la Escuela Mexicana de Pintura, junto con Orozco, Siqueiros, Leal, Charlot, Revueltas y Alva de la Canal. *Retrato de David Alfaro Siqueiros, Retrato de Xavier Guerrero, Autorretrato, La vendedora de fruta, Cabeza de muchacho* . Montenegro, el Dr. Atl y Guerrero inician la decoración del Colegio Mayor de San Pedro y San Pablo por encargo de Vasconcelos (sus obras serán destruidas posteriormente por órdenes del propio Vasconcelos y de Bassols durante sus respectivos ejercicios como Ministros de Educación). Vasconcelos organiza las Misiones Culturales para levantar por todo el país el inventario artístico mexicano. El Dr. Atl, Montenegro, Best Maugard y Enciso inauguran la Primera Exposición de Artes Populares. López Velarde publica *Suave Patria* y muere poco después. Zárraga inicia un mural en el Castillo de Vertcoeur, en Francia. Arp y Ernst fundan un grupo dadaísta en Colonia. Beckman: *El sueño*. Man Ray inventa el "Rayógrafo" y Moholy-Nagy el "Photograma". El único número de *New York Dada* es editado por Ray y Duchamp. Hemingway reside en París. Honegger: *El Rey David*. Dos Passos: *Manhattan Transfer*. Le Corbusier se opone al proyecto "Ciudad Jardín" de Lloyd Wright. Se restringe la inmigración en los Estados Unidos. Hitler asume la dirección del Partido Nacional Socialista.

Concluye *La Creación*. Viaja nuevamente al sureste. Funda con Orozco y Siqueiros el Sindicato de Pintores, Escultores y Artes Conexas y la Cooperativa "José Luis Rodríguez Alconedo" en honor al primer artista muerto por la Independencia de México. Editan *La Voz de México*. Expone en la Escuela de Bellas Artes junto con Orozco y el Dr. Atl a iniciativa de Siqueiros. Casa por la iglesia con Guadalupe Marín, quien le había modelado para varios personajes de *La Creación*. Con el carnet número 992 ingresa al Partido Comunista Mexicano. Orozco, en la Escuela Preparatoria, destruye algunas de sus obras murales por considerar que sus temas son obsoletos, pinta *La trinchera* y así introduce en el muralismo el gran tema de la Revolución Mexicana. Ehrenburg publica en Moscú *Las aventuras extraordinarias de Julio Jurenito y sus discípulos*, relato fantás-

1922

tico con anécdotas biográficas del propio Rivera. Médiz Bolio: *La tierra del faisán y del venado*. Ricardo Flores Magón es asesinado en su celda de Leavenworth, Kansas. Chagall: *El violinista verde*. Breton abandona Dada. Muere Marcel Proust. James Joyce: *Ulises*. Murnau filma *Nosferatu*, Flaherty *Nanuk el esquimal*, Feyder *La Atlántida* y Linder *Los tres mosqueteros*. Milhaud: *Las Euménides* y *Orestes*. Bohr, Premio Nobel de Física al establecer su modelo del átomo de hidrógeno. Mussolini encabeza la Marcha sobre Roma y toma el poder. Reorganización del Ku-Klux-Klan. Insurrección de "Los Tenientes" en el Brasil. Se inventa el elevador automático.

Inicia, en marzo, la decoración de la Secretaría de Educación Pública en la que definirá su propia personalidad como pintor. En junio, junto con Orozco, Siqueiros y un numeroso grupo de importantes artistas e intelectuales firma un Manifiesto en protesta por

1923

la sistemática campaña emprendida en contra del muralismo mexicano. Junto con Siqueiros y Xavier Guerrero forma parte del comité ejecutivo del Partido Comunista Mexicano. Con otros artistas funda el Sindicato de Obreros, Técnicos, Pintores y Escultores y lanzan su famoso Manifiesto. Por acuerdo del Sindicato, Rivera acepta que Jean Charlot y Amado de la Cueva decoren varios paños en la SEP. Después impedirá que continúen. Nace su hija Guadalupe Rivera Marín. Best Maugard: *Método de Dibujo*. Orozco crea *La Trinidad Revolucionaria* en la Escuela Preparatoria. Mérida decora la Biblioteca de la SEP. Llega a México el fotógrafo Edward Weston. Los Estados Unidos reconocen al gobierno de Obregón. Villa es asesinado en Parral, Chihuahua. De la Huerta se levanta en armas contra Obregón. Primera exposición *De Stijl* en París. Ernst pinta *Los hombres no se enterarán*. Le Corbusier diseña *La Ciudad Radiante*. Varese compone *Hiperprisma e integrales* y Auric *Sonatinas*. Bloch experimenta los cuartos de tono en su *Quinteto para piano*. Milhaud: *La Creación del Mundo*. Borges: *Fervor de Buenos Aires*. De Mille filma *Los Diez Mandamientos* y Von Stroheim *Avaricia*. Banting y Macleod, premios Nobel de Medicina y Fisiología por la insulina. Jenkins transmite la imagen del presidente Harding, por televisión, de Washington a Filadelfia. Hitler toma el poder en Munich. Dictadura de Miguel Primo de Rivera en España con el apoyo de Alfonso XIII. Nueva Constitución en la URSS.

Continúa en la SEP. En marzo, junto con Siqueiros y Guerrero, edita

El Machete que, más tarde, será el periódico oficial del Partido Comunista. Orozco será su más importante colaborador gráfico. En julio renuncia al Sindicato por no estar de acuerdo en la pro-**1924** testa por el daño causado a sus murales en la Escuela Preparatoria. Comienza la documentación para pintar en el Palacio Nacional. *La Molendera, Niña con caballo,* feliz antecedente de sus extraordinarios retratos de niños indígenas mexicanos. Inicia los bocetos para la ex-capilla de Chapingo. Vasconcelos renuncia a la Secretaría de Educación. Puig Casauranc, nuevo ministro, obliga a Orozco y a Siqueiros a suspender su trabajo mural en la Escuela Preparatoria. Es director artístico de la publicación bilingüe *Mexican Folkways.* Carrillo Puerto es fusilado durante la rebelión delahuertista. Calles asume la Presidencia y funda el Partido Nacional Revolucionario. Breton publica el "Manifiesto del Surrealismo". Miró: *Paisaje catalán.* Aparece la revista *La Revolución Surrealista.* Fitzgerald: *El Gran Gatsby.* Neruda: *20 Poemas de Amor y Una Canción Desesperada.* Mann: *La Montaña Mágica.* Shostakovitch: *Sinfonía No. 1 en Fa Menor.* Sibelius: *Sinfonía No. 7 en Do Mayor.* Gershwin: *Rapsodia en Azul.* Léger: *El Ballet Mecánico.* Picabia filma *Entreacto.* Chaplin: *La Fiebre del Oro.* De Broglie: *Teoría de la mecánica ondulatoria.* Descubrimiento de la ionósfera. Muere Lenin. El ejército norteamericano abandona Santo Domingo después de una ocupación de diez años. El automóvil Chrysler alcanza los 112 kilómetros por hora.

Interrumpe los trabajos en la SEP para iniciar la decoración de la ex-capilla de Chapingo en la recién inaugurada Escuela Nacional de Agricultura. Retrato de Amalia Castillo Ledón. *Festival de las Flores* con el que obtiene el Primer Premio en la Pan American Exhibition **1925** de Los Angeles, Cal.. *La tortillera, Retrato de Delfina Flores, El balcón* y *Bañistas.* Expone en la Galería "Beaux Arts" de San Francisco, Cal.. Su sueldo en la SEP es de $9.50 pesos diarios y para sostenerse debe producir bastante obra de caballete. El 26 de abril, por considerar que "es más útil mi labor como pintor que la que podría ejecutar como miembro militante del Partido, pido... se me considere... como simpatizante y no como miembro activo del Partido". El Comité Ejecutivo le contesta el 7 de junio criticando su decisión pero acepta su solicitud comunicándole que "le seguiremos considerado como simpatizante entusiasta". Nace su hija Ruth Rivera

Retrato de Guadalupe Marín, 1926

Marín. Carrillo perfecciona el Sonido 13. Rolón compone *Cuauhté-moc* y Chávez el ballet *Los Cuatro Soles*. Vasconcelos: *La Raza Cósmica*. Orozco: *Omnisciencia* en la casa de los Azulejos. La Galería Pierre presenta por primera vez al Grupo Surrealista. Aparece el *art deco*. La galería Vavin Raspail presenta a Klee en París. Miró: *Este es el color de mis sueños*. Picabia: *La mujer del monóculo*. Le Corbusier publica *Urbanismo*. Alban Berg estrena su ópera *Wozzeck*. Josephine Baker debuta en la "Revista Negra". Eisenstein: *El acorazado Potemkin*. Se publica *El proceso* de Kafka. Breuer fabrica la primera silla tubular. Se inventa el radar. Scopes es juzgado y condenado en los Estados Unidos por enseñar la teoría evolucionista de Darwin. El Almirante Byrd sobrevuela el Polo Norte. México y la Gran Bretaña reanudan sus relaciones diplomáticas. El Tratado de Locarno frena la tensión franco-alemana. Matanza obrera en Guayaquil.

Continúa trabajando en Chapingo. Da comienzo a la ilustración de tres álbumes de dibujos sobre las Convenciones de la Liga de Comunidades Agrarias y Sindicatos Campesinos del Estado de Tamaulipas. *Retrato de Pico Rivera, Niña, Gregorio, Esperando las tortillas, Dos mujeres, Niña con collar de coral*.

1926 Reingresa al Partido Comunista. Inicio de la rebelión cristera. Henry Moore estudia en México el Chac-Mool tolteca e inicia, así, no sólo sus "figuras reclinadas" sino una de las vertientes de la escultura contemporánea. Kandinsky publica *Punto y línea sobre el plano*. Primera exposición de Magritte en Bruselas. Giacometti: *La mujer-cuchara*. Gropius construye la arquitectura de la Bauhaus. Zervo publica *Cuadernos de Arte*. Hemingway: *El sol para todos*. Dreyer filma *La Pasión de Juana de Arco*, Keaton *El General* y Lang *Metrópolis*. La empresa Daimler-Benz fabrica el Mercedes Benz. Golpes militares en Polonia y en Portugal. Alemania ingresa a la Sociedad de las Naciones. Sandino inicia la lucha de liberación en Nicaragua.

Concluye los murales de Chapingo utilizando como modelos para la figura de la Tierra tanto a Lupe Marín como a Tina Modotti. Problemas con ambas que lo llevarán a separarse de Lupe. Continúa la ilustración de los álbumes. *Retrato de la Sra. Dreyfus, Cabeza de india, La vendedora de flores*.

1927 Diseña la escenografía y el vestuario del ballet *H.P. (Horse Power)* de Carlos Chávez. Edo Fimmen, Presidente del Transporte Internacional de las Federaciones Obreras consigue que la Sociedad para las Relaciones Culturales de la URSS lo invite al X aniversario de la Revolución de Octubre. Se integra a la Delegación Mexicana de Obreros y Campesinos como miembro activo del Partido Comunista, representante de la Liga de Campesinos, Delegado de la Sección Mexicana de Ayuda Roja Internacional, Secretario General de la Liga Antimperialista y editor del periódico de ésta: *El Libertador*. Es su compañero de viaje José Guadalupe Rodríguez, líder de la Liga Nacional Campesina quien, posteriormente, será fusilado en México por Calles. Rivera lo homenajeará incluyéndolo en sus murales del Palacio Nacional. Es elegido miembro del presidium del Congreso de Amigos de Rusia. Sustenta diversas conferencias ante los artistas, escritores y científicos soviéticos. Barbusse lo invita a colaborar en *Le Monde*. Es nombrado maestro de pintura monumental de la Escuela de Bellas Artes de Moscú. El 24 de noviembre firma contrato con Lunatcharsky, Comisario de Educación de Bellas Artes, para ejecutar murales en el Círculo del Ejército Rojo en la Escuela de Cuadros y en el Club Obrero Dux. (Ninguno de ellos se llevará a cabo). *Cabeza de india, Niña sentada, Retrato del niño Ignacio Sánchez*. Lombardo Toledano como director de la Escuela Preparatoria expulsa a Frida por alborotadora; ella acude con Vasconcelos y éste obliga a Lombardo a reinscribirla. Arnulfo R. Gómez y Francisco Serrano, candidatos presidenciales para suceder a Calles son asesinados. Matanza de Huitzilac. Segura Vilchis fusilado por atentar en contra de Obregón. Goitia: *Tata Jesucristo*. Muere Juan Gris. Klee: *Punta de arco*. Picabia: *Transparencias*. Malevitch publica *El mundo no objetivo*. O'Neill: *Lázaro reía*. Hesse: *El lobo estepario*. Ezra Pound dirige la revista *El Exilio*. Gance estrena *Napoleón* y Al Jolson el cine sonoro con *El cantante de Jazz*. Stravinsky: *Apolo Musageta*. Compton recibe el Premio Nobel de Física para descubrir el "efecto Compton". Stalin asume el poder y Trotsky es expulsado del Partido Comunista. Los Estados Unidos invaden por segunda vez Nicaragua. Sacco y Vanzetti mueren injustamente en la silla eléctrica. Mao Tse Tung crea el Ejército Popular de Liberación. Lindbergh vuela solo en "El Espíritu de San Luis" de Nueva York a París. Ruptura de relaciones entre Gran Bretaña y Rusia.

Conoce a Stalin y hace un boceto para su retrato que, finalmente, no llevará a cabo. Tensiones con los artistas e intelectuales soviéticos. *Desfile del 1o. de mayo*. El 14 de junio regresa a México con

Siqueiros y es nombrado director de *El Libertador*, periódico del Comité "Manos afuera de Nicaragua". Concluye los murales de SEP. Allí pinta *La noche de los ricos* donde caricaturiza a John D. Rockefeller, y *El arsenal* en donde incluye a Siqueiros, a Julio Antonio Mella y a Frida, como miembro de la Liga de la Juventud Comunista y de la Liga Pro Luchadores Progresistas. *Baile de Tehuantepec, Retrato de Caroline Durieux, Retrato de Aurea Porcel, Los comunistas de París; Moscú, noviembre 7; Niña cortando flores, Niña con ojos rasgados, Tehuana caminando*. Participa en la campaña presidencial de Obregón, el cual, ya electo, es asesinado por José de León Toral. Realiza el cartel *Comuneros* para la portada de *Krasnaya Niva*, de Moscú. Concluye los álbumes. Carlos Chávez funda la Orquesta Sinfónica Nacional de México. Jiménez Rueda: *Historia de la Literatura Mexicana*. Tablada: *La Feria*. Mojica filma en Hollywood *El precio de un beso*. Portes Gil, Presidente interino. Magritte: *Esto no es una pipa*. Retrospectiva de De Chirico en París. Foujita: *El Salón Montparnasse*. Archipenko diseña la máquina "Archipentura". Albers: *City*. Exposición de Arquitectura Racional en Roma. Eisenstein, Pudovkin y Alexandrov publican en Moscú el "Manifiesto del Sonido". Von Stroheim filma *Queen Kelly*. Brecht: *La ópera de tres centavos*. Stravinsky: *El beso del hada*. Schönberg: *Variaciones para Orquesta*. Honegger: *Antígona*. Gershwin: *Un americano en París*. D. H. Lawrence publica *El amante de Lady Chatterley*. Einstein formula su teoría del Campo Unitario. Fleming descubre la penicilina. De la Cierva inventa el autogiro. Von Neumann elabora una nueva rama en las matemáticas con su Teoría de Juegos. Primer Plan Quinquenal en la URSS. Trotsky al exilio. El Pacto Briand-Kellog para la abolición de la guerra es apoyado por todas las potencias. Chiang-Kai-shek, Presidente de la República de China Nacionalista. Huelga de Santa Marta, en Colombia, brutalmente reprimida por la United Fruit. Nace en Córdoba, Argentina, Ernesto "Che" Guevara.

Inicia la decoración de la escalera del Palacio Nacional con *México Prehispánico*. El 24 de enero es elegido presidente del Bloque Obrero y Campesino que defiende la candidatura presidencial de Pedro V. Rodríguez Triana en contra de Pascual Ortiz Rubio. Suspende los trabajos en el Palacio Nacional para pintar el mural *La Conquista de México* del Palacio de Cortés en Cuernavaca por encargo de

Dwight Morrow, embajador de los Estados Unidos en México. Es nombrado director de la Escuela Central de Artes Plásticas de la Universidad Nacional, proponiendo un programa de estudios verdaderamente revolucionario. Empieza la decoración del mural de la Secretaría de Salubridad y Asistencia. *Retrato de Cristina Kahlo, Conocimiento, Cabeza de Tehuana, Quema de judas, Lulú, En el mercado*. El Instituto Americano de Arquitectos le otorga su más importante distinción: la Medalla de Oro de las Bellas Artes. El 22 de agosto se casa con Frida. El 3 de octubre es expulsado del Partido Comunista. José Guadalupe Rodríguez, líder del Partido Durangueño del Trabajo es fusilado por órdenes de Calles. Asesinato del líder cubano Julio Antonio Mella, exiliado en México. Tina Modotti es acusada de cómplice. Rivera la defiende y logra su deportación. Spratling se establece en Taxco. Augusto Novaro: *Teoría de la Música*. Se decreta la autonomía de la Universidad Nacional de México. Dalí: Primera exposición en París. Magritte: *El mundo perdido*. Exposición Internacional de Arte Abstracto en Zurich. Breton lanza el Segundo Manifiesto Surrealista. Se inaugura en Nueva York el Museo de Arte Moderno. Aalvar Alto: Sanatorio para tuberculosos en Paimio. Van der Rhoe: Pabellón alemán en Barcelona. Lorca: *Poeta en Nueva York*. Hemingway: *Adiós a las armas*. Ortega y Gasset: *La rebelión de las masas*. Se estrena *El Perro Andaluz* de Buñuel y Dalí. Vidor: *Aleluya*, primer gran filme musical sonoro. Rice Burroughs: *Tarzán*. Crisler Segar: *Popeye*. De Broglie, Premio Nobel de Física por sus contribuciones a la física teórica, a la teoría cuántica y por su descubrimiento de la naturaleza ondulatoria de los electrones. Millikan, Nobel de Física por determinar el tamaño de la carga eléctrica de un electrón. Hopkins y Eijkman, Nobel de Fisiología y Medicina por las vitaminas. Quiebra de la Bolsa de Valores de Nueva York. Golpe de Estado del rey Alejandro de Yugoslavia. En la Sociedad de Naciones se propone crear los Estados Unidos de Europa. El almirante Byrd sobrevuela el Polo Sur.

Termina los murales de la Secretaría de Salubridad y Asistencia y reanuda los del Palacio Nacional, concluyendo el paño *México prehispánico* e iniciando el de *México del presente*. Algunos profesores y estudiantes promueven escándalos para rechazar el plan

1930

de estudios propuestos por Rivera en la Escuela de Bellas Artes. La Comisión Universitaria dictamina que Rivera continúe como director honorario y que se nombre otro director ejecutivo. Antonio Caso,

Director de la Escuela de Filosofía y Letras, presentó su renuncia en apoyo de Rivera y éste lo secundó renunciando también. Lombardo Toledano lo sustituye como director interino. El 7 de noviembre da por terminado el mural de Cuernavaca. El 13 de noviembre viaja a San Francisco, Cal., para presentar su exposición en el Palacio de la Legión de Honor de California. Ahí presenta *Retrato de Rosa Rolando, Autorretrato, Niños mexicanos, Foresta en Tehuantepec, Palmas de Tehuantepec, Retrato de Juanita, La niña de los moños amarillos, Retrato del niño Roberto Rosales, El copetón, Retrato de la Sra. S. Stobdell Stokes, Paisaje.* Lleva a cabo los primeros bocetos para los murales del San Francisco Stock Exchange Club: *Burbank, Mecánico con aeroplano, Energía, Marshall descubre el oro en California.* Orozco: *Prometeo* en el Pomona College de Los Angeles, Cal., y da comienzo a sus murales en la New School for Social Research de Nueva York. Siqueiros: *Madre proletaria.* La Catedral de México reanuda el culto después de su clausura en 1926. Silvestre Revueltas: *Cuauhtémoc* y *Esquinas.* Agustín Lara triunfa en el Teatro Politeama. Pascual Ortiz Rubio asume la Presidencia. Inauguración del Museo Whitney en Nueva York. Van Doesburg funda el Grupo ''Arte Concreto''. Grant Wood: *Gótico americano.* Van der Rohe es nuevo director de la Bauhaus. Nervi construye el Estadio Municipal Berta de Florencia. Aparece la revista *El Surrealismo al servicio de la revolución,* en París. T.S. Elliot traduce *Anabase* de Saint-John Perse. Chretien inventa el cinemascope y Waller el cinerama. Milestone filma *Sin novedad en el frente* y Sternberg *El Angel Azul* con Marlene Dietrich. Chevalier triunfa con *El Desfile del Amor.* Buñuel y Dalí: *La Edad de Oro.* Josephine Baker debuta en el Casino de París. Martha Graham y Leónidas Massine presentan en Nueva York *La Consagración de la Primavera,* de Stravinsky. Villalobos inicia sus *Bachianas brasileiras.* Landsteiner, Nobel de Medicina y Fisiología por su descubrimiento de los tipos sanguíneos. Zworykin inventa el ionoscopio y el cinescopio de la televisión. Se inventa la gasolina de alto octanaje. Se descubre el planeta Plutón. Los troskistas se reúnen en París. Muere Juan Carlos Mariátegui, teórico de la revolución latinoamericana.

Inicia los murales del San Francisco Stock Exchange Luncheon Club *Las riquezas de California.* Decora la residencia de Sigmund Stern en Fresno, Cal. Pinta *La hechura de un fresco,* en la Escuela de Bellas Artes de California, en donde incluye su famoso *Autorretrato de*

1931 *espaldas.* El 23 de diciembre expone en el Museo de Arte Moderno de Nueva York 143 obras entre óleos, acuarelas y dibujos, y siete paneles transportables, al fresco. Retorna a México para reanudar los trabajos en el Palacio Nacional. *Los rivales, La ofrenda, La canoa enflorada, La fiesta de las flores, Paisaje con magueyes, Cactli, Paisaje con cactus, Fondos congelados* (panel al fresco), *Zapata, Retrato de John Dunbar, Niña endomingada, Fiesta de Santa Anita, Gold Digger, Electric Welding.* Ejecuta varios paños murales transportables para el Museo de Arte de Filadelfia. Leal da comienzo a sus murales en el Anfiteatro Bolívar de la Escuela Nacional Preparatoria. Caso descubre la Tumba 7 de Monte Albán. Huízar: poema sinfónico *Pueblerinas.* Mancisidor escribe *La asonada.* México es admitido por unanimidad en la Liga de las Naciones. Dalí: *Persistencia de la memoria.* Calder inicia sus "estábiles". Faulkner: *Santuario.* Eisenstein filma *¡Que Viva México!* y Chaplin *Luces de la Ciudad.* Disney crea el Ratón Miguelito. Los nazis agreden y retiran de los museos las esculturas de Barlach. Lawrence inventa el ciclotrón y Urey descubre el Deuterium que permite la fabricación del *agua pesada.* Descubrimiento del neutrón y su separación del átomo. Se inauguran en Nueva York el Empire State Building y el Rockefeller Center. Japón invade Manchuria. Derrocamiento de Alfonso XIII y proclamación de la República Española. Se inventan la rasuradora eléctrica y el microscopio electrónico. Piccard asciende en avión a 17 kilómetros de altura.

Inicia los bocetos para la decoración del Instituto de Artes de Detroit. En octubre John David Rockefeller lo invita para decorar el recién inaugurado Radio City de Nueva York. Presenta sus bocetos y le son aprobados en noviembre. En Detroit se levanta una fuerte **1932** polémica por la interpretación que hace de *La Sagrada Familia* al presentarla como un grupo médico. Diversas personalidades exigen se destruya esa sección del mural. Edsel Ford logra evitarlo. Pronuncia una conferencia en el Club John Reed de Nueva York y es duramente atacado por algunos de sus miembros acusándolo de estar al servicio del imperialismo yanqui al trabajar para los Ford y los Rockefeller. Le devuelven los donativos que había hecho tanto para el Club como para el Centro Obrero. En la Academia de Música de Filadelfia, la Compañía de Opera estrena el ballet *H. P.* (Horse Power) de Carlos Chávez con escenografía y vestuario de Rivera.

Hace un álbum con los diseños del vestuario, lo compra la señora de John D. Rockefeller y lo obsequia al Museo de Arte Moderno de Nueva York. *Retrato de Robert H. Tannahill*. Las litografías *Zapata, El sueño de los pobres, Muchacho comiendo tacos, Maestra rural*, sobre los murales de la SEP. Frida aborta. Breve retorno a México para decorar la capilla de "La Noria", residencia de Dolores Olmedo. El arquitecto Federico Mariscal reanuda la construcción del Palacio de Bellas Artes suspendida por la Revolución. Orozco emprende los murales del Dartmouth College en California. Siqueiros inicia sus murales en la Escuela de Artes Chouinard de Los Angeles. Revueltas compone *Feria* y *Alcancías*. Muere asesinado Guty Cárdenas. En el Ateneo Wadsworth se presenta la primera exposición del surrealismo en los Estados Unidos. Primera exposición de Arquitectura Moderna en el Museo de Arte Moderno de Nueva York. Primera exposición de Giacometti en París. En París se funda el Grupo "Abstracción-Creación". La gran depresión culmina en los Estados Unidos. Roosevelt, presidente. Reinhart y Hoffmeister concluyen el Centro Rockefeller. Aldous Huxley: *Un mundo feliz*. Eluard: *La vida inmediata*. Fundación del Ballet Russe de Monte Carlo del coronel De Basil. Balanchin: *Orfeo en los Infiernos* y Kurt Joos, *La Mesa Verde*. Hollywood crea su gran mito: Greta Garbo. Hughes filma *Cara Cortada*. Heisenberg, Nobel de Física por sus contribuciones a la teoría cuántica y la enunciación del Principio de Incertidumbre. Se inventa la cocina integral eléctrica. Inicio de la guerra del Chaco entre Bolivia y el Paraguay.

El 13 de marzo se inaugura *Detroit: el Hombre y la Máquina* con 26 tableros pintados al fresco en lo que después se llamará *Rivera Hall*. Gran escándalo porque en su mural *Man at the Crossroads Looking with Hope and High, (Vision to the Choosing of a New and Better Future)*, de 99.50 m cuadrados, del Radio City,

1933

pinta un retrato de Lenin. Propone pintar el retrato de Lincoln también, pero lo que se le exige es la destrucción del de Lenin. Se opone rotundamente a hacerlo y su mural es tapiado. Para coaccionarlo más todavía se le cancela el proyecto para decorar el pabellón de la General Motors en la Feria Mundial de Chicago con su mural *Forge and Foundry*. Como protesta ejecuta *Retrato de América*, 21 tableros transportables, al fresco, para la Nueva Escuela de Trabajadores de Nueva York y se los dona. En la realización de este trabajo invierte los honorarios que Rockefeller le pagó por su mural del Radio City Hall.

Lleva a cabo dos tableros: *La Revolución Rusa* y *La IV Internacional* para la Casa del Trotskismo en Nueva York. Einstein le escribe felicitándolo por *Retrato de América*. Retorna a México con Frida. Siqueiros ejecuta *Ejercicio plástico* en Don Torcuato, Buenos Aires. Revueltas: *Colorines*. Castellanos pinta su mural de la escuela Melchor Ocampo en Coyoacán. Tamayo lleva a cabo su primer mural en el Conservatorio Nacional. Villaurrutia escribe *Nocturnos*. Dalí expone por primera vez en Nueva York. Calder inicia sus "Móviles". Moore: *Composición abstracta*. Arp esculpe sus *Construcciones vegetativas*. Beckmann: *Departure*. Se comienza el puente Golden Gate de San Francisco. La Bauhaus es cancelada ante las presiones del nazismo. Carpentier, encarcelado en Cuba por Machado, escribe *Ecué-Yamba-O*. García Lorca: *Bodas de Sangre*. Malraux: *La condición humana*. Raymond: *De Baudelaire al surrealismo*. Skira funda la revista *Minotaure* en París. Berkley filma los grandes musicales *La Calle 42* y *Gold Diggers of 1933*. Fred Astaire y Ginger Rogers hacen su debut en el cine. Duke Ellington inicia su primer gira europea. Construcción del primer microscopio electrónico. Ashton inventa el espectrómetro de masas. Dirac, Nobel de Física por su teoría de las antipartículas. Hitler es canciller. Incendio del Reichstag. Alemania y Japón abandonan la Sociedad de las Naciones. Dictadura en Austria.

Da comienzo al paño *México de Hoy y del Futuro* en la escalera del Palacio Nacional. El 9 de febrero, Nelson Rockefeller ordena la destrucción del mural del Radio City Hall. Como está próxima la inauguración del Palacio de Bellas Artes, obtiene del gobierno de

1934 Abelardo Rodríguez la oportunidad de recrearlo en ese recinto, con algunos cambios insignificantes y manteniendo el retrato de Lenin. *Pordioseras, Regreso del mercado, Madre e hijos, Juana Rosas con judas, Escena callejera, Madre con hijo, San Juan de Aragón, Retrato de Niña, Retrato de Carmen G. de Portes Gil, Niña en rojo*. Polemiza con Siqueiros sobre conceptos, técnicas y materiales artísticos. Participa como asesor en la recién fundada Liga de Escritores y Artistas Revolucionarios (LEAR). Orozco realiza, frente al mural de Rivera, en el Palacio de Bellas Artes, el suyo denominado *Katharsis* (título de Justino Fernández). Guillermo Ruiz construye en la isla de Janiztio, Mich., la escultura a Morelos y Ramón Alva de la Canal decora su interior con pinturas al fresco sobre temas biográficos del prócer insurgente. Asúnsolo lleva a cabo el monumento a

Obregón en San Angel. El arquitecto Mariscal concluye el Palacio de Bellas Artes. Antonio Caso: *El acto ideatorio*. Ramos: *El perfil del hombre y la cultura en México*. Muere Luis G. Urbina. Revueltas: *Danza geométrica* y Chávez *Sinfonía proletaria*. El 1o. de diciembre Cárdenas asume la Presidencia. Magritte ilustra la obra de Breton. *¿Qué es el surrealismo?* Dalí: *Retrato de Mae West*. Stieglitz expone en el Museo Metropolitano de Nueva York. Messiaen: *La Ascensión* y Hindemith *Mathías el pintor*. Henry Miller: *Trópico de Cáncer*. Scott Fitzgerald: *Tierna es la noche*. Frank Lloyd Wirght inicia sus *Usonian Houses*. Conway filma *¡Viva Villa!* y Kapra *Sucedió una noche*. Alex Raymond crea la historieta *Flash Gordon* y Falk y Davis la de *Mandrake*. Se inventa la célula fotoeléctrica. La Citroen presenta la tracción delantera. Se fabrica la primera fibra sintética: el nylon. Pacto de no agresión entre Alemania y Polonia, que será violado por Alemania. VIII Congreso de la Internacional Comunista. Comunistas y Socialistas forman el Frente Popular Francés. Asesinato de Sandino por órdenes de Anastasio Somoza y la United Fruit. Estados Unidos abandona Haití después de veinte años de ocupación. Aborta el *putsch* nazi para anexar Austria a Alemania. A la muerte de Hindenburg, Hitler asume la cancillería y la presidencia. Beebe y Barton descienden a 923 metros de profundidad en el mar de las Bermudas.

Concluye la decoración de la escalera del Palacio Nacional, iniciada en 1929, con *México de Hoy y de Mañana*, el cual culmina con un gran retrato de Marx señalando el futuro socialista de México. El gobierno le encarga la aprobación de los bocetos y diseños con

1935

que varios artistas miembros de la LEAR van a decorar el recién inaugurado mercado Abelardo Rodríguez. Durante el Congreso Pedagógico, organizado por la SEP y la Asociación de la Educación Progresista de los Estados Unidos, inicia una serie de polémicas en contra de Siqueiros, analizando la posición política de ambos y discutiendo sus expresiones artísticas formales y conceptuales. A Siqueiros lo apoyaban los artistas e intelectuales de la LEAR. Rivera llegaba a los distintos locales en que se sustentaba la discusión acompañado por los obreros textiles, los ferrocarrileros y los trabajadores de la Casa del Pueblo. Angelina Beloff llega a México y se entrevista con él. El Partido Comunista Mexican ratifica la expulsión que le hizo en 1929. *Baile de Tehuantepec, Danzantes de Huejotzingo, Muchacha juchiteca, Vendedor de Flores, Pepenador,*

Vendedora de puertos, Delfina y Dimas, Tehuanas en el mercado, Vendedora de piñas, Retrato de Juanita, Retrato de Kathleen Burke. Muere Clausell. Formación del grupo musical de *Los Cuatro*: Ayala, Contreras, Galindo y Moncayo. Revueltas: *Redes* y Chávez: *Chapultepec* y *Sinfonía republicana*. Vasconcelos: *Ulises Criollo* y Ramos: *Ensayo sobre Diego Rivera*. Muere Ives Limantour en París. Se inaugura la Galería de Arte Mexicano y se funda el Instituto de Investigaciones Estéticas de la UNAM. En los Estados Unidos se inicia el movimiento del realismo socialista. Picasso: serie de grabados *La Minotauromaquia*. El Museo Whitney exhibe *La Pintura Abstracta en los Estados Unidos*. Dalí dicta su conferencia *Pintura surrealista: imágenes paranoicas* en el Museo de Arte Moderno de Nueva York. Mueren Signac y Malevitch. Paalen se une al surrealismo. Borges: *Historia universal de la infamia*. T. S. Elliot: *Asesinato en la Catedral*. El nazismo prohíbe *Mathías el pintor*, de Hindemith. Chaplin filma *Tiempos Modernos* y Garbo protagoniza *Ana Karenina*. Gershwin: *Porgy and Bess*. Se publica en Estados Unidos *Hot Jazz*. Joliot-Curie, Nobel de Química por la síntesis de nuevos elementos radiactivos. Se fabrica la cámara Baby Brownie y la película Kodachrome. El radar se utiliza para detectar aviones. Se inventa el parquímetro. Hitler denuncia el Tratado de Versalles y se inicia el rearme alemán. Italia conquista Etiopía. Luis Carlos Prestes encabeza la insurrección de la Alianza Libertadora Nacional (ALN) en el Brasil.

Alberto Pani le encarga cuatro tableros al fresco, transportables, para decorar el recién construido Hotel Reforma. Pinta *Carnaval de la vida mexicana* y en el tablero llamado *La Dictadura* ejecuta el retrato de Calles con base en el mentón de Mussolini, el bigote de

1936

Hitler y la risa de Roosevelt. Incluye caricaturas de Lombardo Toledano y de Morones. Gran escándalo y Pani ordena la alteración de estas caricaturas. Rivera lo demanda y, al obtener laudo favorable, las restaura. Los tableros se depositan en una bodega y sólo años más tarde se exhibirán en la Galería de Arte Mexicano. En la actualidad se exhiben en el Palacio de Bellas Artes. *El sueño I, El sueño II, Vendedora de pinole, Hilando, Retrato del niño José Guadalupe Castro*. Presencia el asesinato de su compañero, el líder Manlio Fabio Altamirano al ser electo gobernador de Veracruz y ejecuta un patético cuadro de esa escena. *Retrato del poeta Lalane, Campesino, Vendedores callejeros*. Expulsan de Noruega a

Trotsky y éste le solicita conseguir asilo político en México. Rivera apela a Cárdenas y éste lo concede. Ingresa a la Liga Internacional Comunista (Sección Trotskysta de México). Orozco inicia sus murales del Paraninfo de la Universidad del Estado de Guadalajara. O'Gorman: murales en el Puerto Central Aéreo de Balbuena. Huízar: *Sinfonía Ochpantli* y Chávez *Sinfonía India*. Revueltas: *Homenaje a García Lorca, Caminos* y *Janitzio*. Vasconcelos: *La Tormenta* y Martínez del Río: *Los orígenes americanos*. Lombardo Toledano funda la Universidad Obrera. Copland compone *Salón México*. El Sindicato de los Talleres Gráficos de la Nación encarga a la LEAR la decoración de la escalera de su sede. Cárdenas exilia a Calles y a Morones. Picasso es nombrado director del Museo del Prado. Costa y Niemayer construyen el Ministerio de Educación y Salud en Río de Janeiro. Portinari lo decora con murales de influencia riveriana. La exposición "Arte Fantástico, Dada y el surrealismo" se presenta en el Museo de Arte Moderno de Nueva York. Tobey: *Broadway*. Dalí: *Premonición de la Guerra Civil*. Georgia O'Keefe: *Días de verano*. Kandinsky: *Curva dominante No. 631*. Lloyd Wright construye la famosa *Casa de la cascada*. Le Corbusier publica *Cuando las catedrales eran blancas*. Faulkner: *¡Absalón! ¡Absalón!* T. S. Elliot: *Cuatro Cuartetos*. Carl Orff: *Carmina Burana*. Prokofiev: *Boris Godunov* y *Eugenio Oneguin*. Termina la Guerra del Chaco y empieza la Guerra Civil Española. Siqueiros se alista en las Brigadas Internacionales para combatir a favor de los republicanos. García Lorca es asesinado en Granada. Hitler invade la Renania. Pacto anti-Komintern de Hitler y Mussolini. Muere Jorge V de Inglaterra, Eduardo VIII lo sucede pero abdica para casarse con Wallis Simpson. Las máquinas automáticas empiezan a cubrir el mercado mundial.

Largo periodo sin realizar obra mural, sólo de caballete: *Copalli, Raíces, Cazáhuatl, Arboles mulatos, Figura de obrero, La carpa, Carmelita, Modesta, Retrato del Dr. Gustavo Baz*. Hace la escenografía de la comedia musical *Rayando el sol* presentada por

1937 Roberto Soto en el Palacio de Bellas Artes. Recibe a Trotsky y a su esposa en la estación ferroviaria de Lechería y lo aloja en la casa de Frida en Coyoacán, lo que recrudece las críticas del Partido Comunista y *El Machete*. Orozco inicia su mural en la escalera del Palacio de Gobierno de Guadalajara. Siqueiros: *El eco del llanto* y Tamayo *Niña bonita*. Muere Gedovius. Del Valle Arizpe: *Por la vieja Calzada de Tlacopan*. Usigli: *El gesticulador*. Pellicer: *Nueva York: miserable* *maravilla*. Cárdenas nacionaliza los ferrocarriles. Se funda el Taller de la Gráfica Popular. Picasso presenta su célebre *Guernica* en el Pabellón Español de la Exposición Internacional de París y causa un impacto mundial. Inauguración del Museo Guggenheim de Nueva York construido por Lloyd Wright. Primera exposición de la Asociación Americana de Artistas Abstractos en el Museo de Brooklyn. Julio González esculpe *Montserrat* y Calder *La fuente de Mercurio*. Klee: *Figura en el jardín*. La Escuela de Arquitectura en Harvard le ofrece a Gropius su dirección. El Museo de Arte Moderno de Nueva York presenta la gran exposición *Fotografía 1839-1937*. Se publica la revista *Look*. Shostakovitch: *Quinta Sinfonía en Re Menor*. Duffy: mural *El Hada Electricidad*. Moholy-Nagy establece lo que se llamará la Bauhaus de Chicago. Renoir filma *La gran ilusión*. Se inaugura el puente Golden Gate de San Francisco. Davidson, Nobel de Física por sus investigaciones sobre la naturaleza ondulatoria de los electrones, que comprueban la teoría de De Broglie. Se inventa el avión *jet*. Japón invade China. Los alemanes, aliados de Franco, arrasan Guernica.

Continúa sin realizar obra mural pero culmina una obra maestra, *Retrato de Lupe Marín*, en la que acusa la gran influencia de Cézanne. *Retrato de Dolores del Río, Retrato de Mélida*. Breton llega a México con su esposa y se alojan en su casa de San Angel. **1938** Junto con Frida y Trostky y su esposa viajan por el país. Bretón le propone a Frida una exposición en París. Trotsky redacta el manifiesto "Por un arte revolucionario libre" que suscribe junto con Breton. Es expulsado de la IV Internacional. Forma parte del cuerpo de redacción de la revista *Clave-Tribuna Marxista*. Orozco inicia sus murales en la capilla del Hospicio Cabañas y Tamayo en el Museo Nacional de Historia. Los murales de O'Gorman en el Puerto Central Aéreo de Balbuena son destruídos casi en su totalidad por órdenes de la Secretaría de Comunicaciones y Obras Públicas que los encargó, por supuestas ofensas a "los sentimientos religiosos del pueblo mexicano" y a los gobiernos de Italia, el Japón y Alemania. (Actualmente se exhibe en el Aeropuerto Internacional de la Ciudad de México el único tablero rescatado: *La conquista del aire por el hombre*). Vasconcelos: *El desastre*. Rubén Romero: *La vida inútil de Pito Pérez*. Revueltas compone *Sensemayá*. Se inaugura el Monumento a la Revolución, del arquitecto Carlos Obregón Santacilia, que originalmente iba a ser el Palacio Legislativo del Porfiriato.

Se disuelve la LEAR por falta de comisiones de trabajo. Cárdenas decreta la expropiación petrolera. Exposición Internacional del surrealismo en la Gallery of Living Art. Paalen: *Batalla de princesas, Saturnales*. La exposición "Tres siglos de arte en los Estados Unidos" se presenta en París. Se funda la Sociedad de Diseñadores Industriales. Sartre: *La Náusea*. Honegger compone su oratorio *Juana de Arco en la hoguera* y Copland *Billy the kid*. Fermi, Nobel de Física por sus aportaciones al desarrollo de la energía nuclear, fusiona por primera vez el uranio. La empresa Cadillac presenta la transmisión automática. Hitler invade Checoslovaquia y anexa Austria a Alemania. Reinstalación de Alfonso XIII en España.

Sigue sin realizar obra mural pero crea dos obras maestras: *Bailarina en reposo* y *Danza de la Tierra*. Realiza la serie de diez acuarelas sobre bailarinas negras para la cual posa la bailarina negra norteamericana Modelle Boss. *Retrato de Mary Joy J., Niña en azul y blanco, Niña con gallito, Niña con muñeca, Retrato de Regina Rubinoff, Desnudo de negra, Modesta e Inesita, Mandrágora Arancniliectósfera en sonrisa*. En enero renuncia a la redacción de *Clave* lo que desata una serie de acusaciones sobre su posición política al aceptar el cargo de líder del Partido Revolucionario Obrero y Campesino que sustenta un programa distante del marxismo; rompe para ello con la Cuarta Internacional, abogando primero por la candidatura presidencial de Mújica y después por la de Almazán, que significa el peligro de la dictadura militar. La sección mexicana de la IV Internacional lo declara fuera de sus filas, siendo ratificada esta expulsión por el Buró Panamericano Oriental de la IV Internacional. Tiene serias diferencias con Trotsky y éste abandona la casa de Frida. Se inaugura en París la exposición de Frida. Siqueiros realiza *Retrato de la burguesía* en el Sindicato Mexicano de los Electricistas. Frida: *Las dos Fridas*. Ana Sokolov funda la Danza Moderna Mexicana. José Gorostiza: *Muerte sin fin*. Se crea el Instituto Nacional de Antropología e Historia. Vasconcelos: *El Proconsulado*. Muere Federico Gamboa. Guillermo González Camarena inventa la televisión a color. Zadkine esculpe su *Cristo* y Lam expone en París. La exposición "El Arte de Mañana" se presenta en el Museo Guggenheim. Mondrian: *Pintura No. 9*. Primera exposición de Frida en Nueva York, en la Galería de Julien Levy. Dalí realiza la escenografía para *Bacanal* del Ballet de Montecarlo presentado en el Metropolitan Opera House. Duke Ellington ofrece su décimo concierto de jazz en París. Miller: *Trópico de Capricornio*. Se suspende el I Festival Cinematográfico de Cannes por el escándalo provocado por *Las reglas del juego* de Jean Renoir. Ford filma *La diligencia* y Fleming *Lo que el viento se llevó*. Lawrence, Nobel de Física por inventar el ciclotrón, primer acelerador de partículas subatómicas. Domagk, Nobel de Medicina y Fisiología por descubrir la Sulfamida. Comienza la Segunda Guerra Mundial. Hitler ocupa Checoslovaquia y Mussolini Albania. Franco se apodera de Madrid y termina la Guerra Civil. Hitler y Stalin firman el Pacto de no Agresión. Se inventa la computadora de secuencia automática. Primer vuelo trasatlántico con pasajeros de Washington a Marsella. Muere Sigmund Freud, exiliado en Londres.

El San Francisco Junior College le encarga un mural para la Golden Gate International Exposition donde deberá ejecutarlo en público durante la exposición "Arte en Acción. Unión de dos culturas", que se deposita en una bodega durante 21 años hasta que se instala en el Auditorio del San Francisco City College. El Museo de Arte de San Francisco organiza una exposición en su homenaje: *Modesta cosiendo, Modesta peinándose, Maya guarina, Arbol con guante y cuchillo, Retrato de Rosa Roland, Retrato de Otto Ruhle*. Lleva a cabo la decoración mural de la casa de Frida en Coyoacán. Su obra se incluye en la exposición "20 Siglos de Arte Mexicano" presentada en el Museo de Arte Moderno de Nueva York. Orozco pinta un mural por encargo de este mismo museo para dicha exposición. Se divorcia de Frida en enero y vuelve a casarse con ella el 8 de diciembre en que él cumple 54 años de edad. Torres Bodet: *Sonetos*. Abreu Tómez: *Canek*. Garibay Kintana: *Poesía indígena de la altiplanicie*. Orozco decora la biblioteca "Gabino Ortiz" de Jiquilpan, Michoacán, con *Alegoría de México*. Dr. Atl: *El Valle de México*. Muere Revueltas dejando inconcluso su ballet *La Coronela*. Siqueiros participa en un atentado contra Trotsky. Ramón Mercader del Río asesina a Trotsky en Coyoacán. Se presenta en México la Exposición Internacional Surrealista en la Galería de Arte Mexicano. Manuel Avila Camacho sucede a Cárdenas. La exposición "Picasso. Cuarenta años de su arte", viaja por los Estados Unidos. Klee realiza su obra póstuma *Muerte y fuego*. Miró inicia sus *Constelaciones*. Hemingway: *¿Por quién doblan las campanas?* Neruda llega a México. Maurois, Greene, Romains, Saint-John Perse y Maeterlinck se asilan en los Estados Unidos. Rodrigo: *Concierto de Aranjuez*.

48

Chaplin filma *El gran dictador,* Disney *Fantasía* y Ford *Viñas de ira.* El Museo de Arte Moderno de Nueva York abre su departamento de fotografía. Las investigaciones de Wiener posibilitan la fundación de la cibernética. Se produce el plutonio. Rendición de París. Se constituye el Eje Alemania-Japón-Italia. Franco invade Tánger. Los ejércitos nazis ocupan Noruega, Dinamarca, Luxemburgo, Bélgica y Holanda. Batalla de Dunkerke.

Concluye el mural del San Francisco Junior College. Retorna a México para pintar los corredores del Palacio Nacional. El 18 de abril firma el primer contrato y firmará ocho más sin concluir la enorme tarea de narrar, pictóricamente, la historia de México. Se dedica a pintar retratos de varias personalidades mexicanas. Hace su *Autorretrato* por encargo de Sigmund Firestone. *Cabeza de mujer, Paisaje de la costa de San Francisco, La mujer del collar, Muchacha con girasoles, Paisaje de Actopan, Viejo con sombrero.* Presenta su segunda solicitud de reingreso al Partido Comunista y es rechazada. Orozco inicia su mural en el Palacio de la Suprema Corte de Justicia causando escándalo por interpretar a la ley como una bandolera y a la justicia como una barragana. Siqueiros sale del país por su participación en el atentado contra Trotsky y pinta *Muerte al invasor* en la Escuela "México", de Chillán, Chile: Frida: *Autorretrato* para Sigmund Firestone. Moncayo: *Huapango.* José Revueltas publica *Muros de agua.* Erro funda el Observatorio Astronómico de Tonantzintla. Se abre la Galería Nacional de Washington. Huyendo del nazismo se refugian en los Estados Unidos Breton, Léger, Ernst, Lam, Masson y Lipchitz. El Museo de Arte Moderno de Nueva York presenta la exposición "Dalí-Miró" y la retrospectiva de Chirico. Giedión publica *Espacio, tiempo y arquitectura.* Marcuse: *Razón y Revolución.* Scott Fitzgerald: *El último Tycoon.* Saint-John Perse: *Exilio.* Messiaen estrena en el campo de concentración donde está prisionero *Cuarteto para el fin de los tiempos.* Kodaly: *Concierto para orquesta.* Shostakovitch: *Séptima Sinfonía.* Welles filma *El ciudadano Kane.* Descubrimiento del RH sanguíneo. Primera transmisión de televisión en la NBC de Nueva York. Hitler invade la URSS. El japón bombardea Pearl Harbor causando la entrada de los Estados Unidos a la guerra. El Ejército norteamericano populariza el *jeep.*

Inicia la serie de tableros al fresco transportables en los corredores del segundo piso del Palacio Nacional: *El mundo debe a México, La cultura del México antiguo, Cultura purépecha* y *Cultura mixteca.* Crea otra obra maestra: *Danza al sol. Postguerra, Retrato de Carlos Pellicer, Retrato de Alfredo Gómez de la Vega.* Comienza la serie de *Vendedoras de alcatraces.* Orozco provoca otro escándalo con su mural sobre el Apocalipsis según San Juan, en la capilla del Hospital de Jesús Nazareno al representar a la Iglesia como a la gran meretriz apocalíptica. Justino Fernández publica *Orozco: Forma e idea.* O'Gorman decora la biblioteca "Gertrudis Bocanegra" en Pátzcuaro, Michoacán. México declara la guerra al eje Berlín-Roma-Tokio. Ernst: *Europa después de la lluvia.* Mondrian: *Broadway Boogie-Boogie.* Tobey: *Et Pluribus unum.* Camus publica *El extranjero.* La galería Matisse de París presenta la exposición "Artistas en el exilio". Lam: *La jungla.* Shostakovitch: *Sinfonía No. 7. Leningrado* y Khatchaturian la Suite *Gayne.* Ingrid Bergman y Humphrey Bogart interpretan *Casablanca.* Fermi realiza la primera pila atómica de uranio. Baade clasifica a las estrellas azules en Población I y a las rojizas en Población II. Principia la gran batalla de Stalingrado. Hitler pone en marcha "La solución final" al problema judío. Victoria aliada en el Alamein y en Guadalcanal.

Suspende labores en el Palacio Nacional para decorar el Instituto Nacional de Cardiología. Realiza una serie de desnudos femeninos, *Nardos, La dama del sombrero, Alcatraces, Champagne, Vino, mujeres, flores* en tres versiones, por encargo del "Ciro's" del Hotel Reforma que, en ese momento, era el centro nocturno más prestigiado de México, debido a las personalidades internacionales que lo frecuentaban. Principia los diseños del Anahuacalli donde alojará su gran colección de arte prehispánico. *Las vendedoras de alcatraces, Vendedoras de flores, Vendedoras de petates, Retrato de Natacha Z. de Gelman.* Junto con Orozco es miembro fundador del Colegio Nacional representando a las Artes Plásticas. Inicia sus polémicas conferencias en el mismo. Emilio "Indio" Fernández filma *María Candelaria* y *Flor Silvestre* con Dolores del Río y Pedro Armendáriz. Rubén Jaramillo se levanta en armas. Hace erupción el volcán Paricutín. Pollock y Motherwell exponen junto a artistas europeos en "Arte de este siglo". Bárbara Hepworth esculpe *La Ola* y Louise Nevelson sus *Farm-Assemblages.* De Kooning: *Reina de Corazones.* Gropius desarrolla la técnica de prefabricación. Van der

Autorretrato, 1941

Rhoe construye el ITT Building de Chicago. Bergstron y Witmer principan el Pentágono de Washington. Hesse: *El juego de los abalorios* y Sartre *El Ser y la Nada*. Saint-Exupéry: *El Principito*. Bartok compone su *Concierto para orquesta* y Milhaud su ópera *Bolívar*. Investigadores americanos intentan crear sintéticamente la cortisona. Primeras aplicaciones médicas de la penicilina. La victoria soviética en Stalingrado inicia el final del nazismo. Caída de Mussolini. Conferencia de Teherán. Matanza de mineros en Catavi, Bolivia.

Inicia la construcción del Anahuacalli (casa de Anáhuac) cuyas obras dirige él mismo y, en ocasiones, realiza las más elementales actividades de albañilería. Estudiantes y artistas acostumbran ir a ayudar a su construcción sabiendo que, más tarde o temprano, él

1944

lo donará al pueblo de México. Sigue sin trabajar en el Palacio Nacional pero reuniendo la documentación necesaria. *Desnudo con alca-traces* (retrato de Frida), *La niña, La niña sentada, Día de Muertos, El jardín de Frida, Paisaje del Pedregal, Arbol, El modisto* (*retrato de Henri de Chatillon*). Siqueiros lleva a cabo *Cuauhtémoc contra el mito* y, en el Palacio de Bellas Artes, *Aurora de la democracia*. González Martínez recibe el Premio Nacional de Literatura. Efraín Huerta: *Los hombres del alba*. Frida pinta *La columna rota*. La Sociedad de Arte Moderno presenta la exposición de Picasso en México. Picasso ingresa al Partido Comunista Francés. Tobey lleva a cabo sus famosas *Escrituras blancas*. Mueren Mondrian, Munch y Kandinsky. Noguchi: *Kouros*. Moholy-Nagy funda en Chicago el Instituto de Diseño. Richter realiza con Calder, Ernst, Léger, Duchamp y Man Ray *Los sueños que el dinero puede comprar*. Olivier protagoniza *Henry V* y Eisenstein filma *Ivan el terrible*. El marqués de Cuevas funda el Ballet Internacional. Merce Cunningham estrena el ballet *Canción idílica* con música de Satie. Glenn Miller ofrece conciertos en París. Roosevelt reelegido por cuarta vez. A pesar del muro del Atlántico los Aliados desembarcan en Normandía y liberan París. Masacre de trabajadores en las plantaciones de la United Fruit en Honduras. Los rusos liberan Rumania, Polonia y Hungría. Se inventa la primera computadora electrónica.

Por fin regresa a Palacio Nacional y sólo lleva a cabo *El tianguis de Tlatelolco* que termina el 11 de agosto. Nada más ha pintado 94.25 metros cuadrados de los 316.77 a que se obligó ante la Secretaría de Hacienda. En obra de caballete realiza *Retrato de Adalgisa Nery, Día de muertos, Retrato de María, Tepoztlán, La niña de los globos, Cargadora, Tepozteco.* Su gran amigo, Konstantin Umansky, embajador de la URSS en México, muere el 25 de enero al despegar el avión que lo conduciría a Costa Rica. Orozco realiza dos tableros transportables para el Turf Club, pero que se instalan en la residencia particular de César Balsa: *La batalla del fauno y la sirena* y *Charanga de pueblo.* Siqueiros: su estupendo autorretrato *El Coronelazo.* Rodríguez Lozano: su primer mural *El holocausto.* Leopoldo Méndez: *Autorretrato: amenaza sobre México.* El arquitecto Barragán crea Jardines del Pedregal y el arquitecto Yáñez el hospital de La Raza. Reyes: *El deslinde.* Mueren Tablada y Calles. Aparece ''No hay más ruta que la nuestra'' de Siqueiros en la revista *Hoy.* Se inaugura en París la Galería Denise René, con una exposición de Vasarely. El Louvre vuelve a abrirse al público. La galería Drouin presenta ''Arte concreto''. Lipchitz *Madre e hijo II.* Shahn: *Liberación.* Exposición de Le Corbusier en el Rockefeller Center. Gabriela Mistral, Nobel de Liberatura, Neruda: *Alturas de Machu Picchu.* Sartre y Camus dan a conocer el existencialismo. Brecht: *Madre coraje.* Merleau-Ponty: *Fenomenología de la percepción.* Wilder filma *Lost Weekend,* Rosellini, *Roma, ciudad abierta,* Carné *Los hijos del Paraíso,* y Hitchcock *Spellbound* donde Dalí diseña una secuencia onírica. Villalobos concluye las *Bacchianas Brasileiras.* En los Estados Unidos Oppenheimer y Fermi construyen la primera bomba atómica que, al estallar en Hiroshima y Nagasaki, precipitará el fin de la II Guerra Mundial. Pauli, Nobel de Física por su descubrimiento del principio de exclusión. Suicidio de Hitler. Ejecución de Mussolini. Condena de Pétain y fusilamiento de Laval. Muerte de Roosevelt. Creación de la ONU. Conferencia de Yalta. Guerra Civil en China entre nacionalistas y comunistas. Ho-Chi-Min proclama la independencia de Vietnam. El Mariscal Tito proclama la República Socialista de Yugoslavia. Alemania es dividida en cuatro zonas de ocupación encomendadas a Estados Unidos, la URSS, Francia y Gran Bretaña. Perón es encarcelado y liberado en la Argentina.

Se dedica por entero a la obra de caballete: *Irene Estrella, Retrato de Laura Villaseñor, Peregrina tlaxcalteca, Figuras, La noche de los rábanos, Retrato de la Sra. Beteta, Retrato de Cuca Bustamante, Retrato de Emma Hurtado, Tehuana desnuda, Retrato del licen-*

1946 *ciado Beteta* y varios más. Nueva solicitud para reingresar al Partido Comunista que le es rechazada. Miguel Alemán electo Presidente. Se descubren en el Templo de Jesús los restos óseos de Cortés. Mueren Alfonso Caso y Alfredo Ramos Martínez. Novo escribe *Nueva Grandeza Mexicana* y Pita Amor *Yo soy mi casa*. Chávez es nombrado director. Waldeen organiza la Danza Mexicana Moderna. El arquitecto De la Mora construye La Purísima de Monterrey. Robert M. Coates utiliza por primera vez el término "expresionismo abstracto". Dubuffet: *Microbolus Macadam et Cie.*, en la Galería Drouin. Rothko: *Vessels of magic*, Soulages: *Pintura 1946*, De Stäel: *Composición*. Sartre publica *El existencialismo es un humanismo*. Wilder: *Nuestra ciudad*. Henry Miller: *El tiempo de los asesinos*, basado en Rimbaud. Cocteau filma *La Bella y la Bestia*, Vidor *Duelo al sol* y Clement *La batalla de riel*. Stravinsky: *Sinfonía No. 3* y Cage: *Sonatas e interludios*. Muere De Falla en Argentina. En Estados Unidos se descubre la aureomicina. Tribunal de Nürenberg. Renuncia De Gaulle a la Presidencia de Francia y se ratifica la constitución de la IV República. Caída de la monarquía en Italia. Comienza "La guerra fría". El Presidente boliviano Gualberto Villarroel es colgado en la Plaza de La Paz. Se fabrica la primera calculadora electrónica.

Inicia *Sueños de una tarde dominical en la Alameda Central* en el comedor del Hotel Del Prado que, por estar precisamente frente a éste, le permitirá desarrollar su muy peculiar interpretación sobre la historia de México desde la conquista hasta la década de los **1947** cuarenta. Pinta *Las tentaciones de San Antonio*, con la que participa en el concurso que, sobre dicho tema, ha convocado Al Lewin en Nueva York. *Retrato de Roberto López, Paisaje nocturno, Retrato de Linda Christian, El comalero, Noche de muertos en Janitzio*. El INBA constituye la primera Comisión de Pintura Mural y lo nombra para que, junto con Orozco y Siqueiros, coordine todo lo referente a esta disciplina: estudio y autorización de proyecto, tabulación por metro cuadrado, jerarquización de categorías, protección y defensa de las obras, condiciones de trabajo, registro de contratos, etc. En noviembre se ve envuelto en un proceso penal por haber disparado en contra de un chofer de camión en Coyoacán. Explica su caso, de manera muy riveriana, en una carta dirigida a Fernando Benítez, director de *El Nacional*. Siqueiros: *Nuestra ima-*

Sueños de una tarde dominical en la Alameda Central, 1947 (detalle)

gen actual y *Retrato de Orozco.* Orozco inicia su mural parabólico de la Escuela Nacional de Maestros. Julio Castellanos pinta su *Autorretrato* y fallece meses después. Xavier Guerrero: *Autorretrato.* Manuel M. Ponce recibe el Premio Nacional de Artes. Waldeen crea la Academia de Danza Mexicana. La Asamblea General de la UNESCO se realiza en México. Yáñez: *Al filo del agua.* En Londres se funda el Instituto de Artes Contemporáneas. Muere Bonnard. Wols expone su pintura "informal" en el Salon des Réalités Nouvelles. Primera exposición de Hartung en la Galería Lydia Conti. Se construye la estación Termini en Roma. Tennesse Williams: *Un tranvía llamado deseo,* Malraux: *Psicología del arte,* Camus: *La peste,* Artaud: *Van Gogh o el suicidio de la sociedad.* Diez personalidades de Hollywood rehusan comparecer ante el Comité de Actividades Antinorteamericanas y son proscritas de la industria fílmica. Se les conocerá como "Los Diez de Hollywood". Clair filma *El silencio es oro.* Autant-Lara *El Diablo en el cuerpo* y Chaplin *Monsieur Verdoux* donde abandona su personaje "Charlot". Dior lanza su nueva moda. Schöenberg: *Un sobreviviente de Varsovia.* Land fabrica la cámara Polaroid capaz de revelar la fotografía un minuto después de haberse tomado. Primera señal de radar enviada a la Luna. División en Francia sobre las negociaciones con Vietnam. La ONU acuerda dividir a Palestina en un estado árabe y otro judío e internacionalizar a Jerusalén. Se estudia el Plan Marshall en París y tanto la URSS como los países socialistas se rehusan a participar. El fenómeno OVNI (Objetos Voladores No Identificados) causa espectación mundial.

Concluye el mural del Hotel Del Prado. En él se autorretrata como niño y como el heredero natural de Posada al darse ambos la mano a través de la Calavera "Catrina". Gran escándalo por la frase "Dios no existe" (pronunciada por Ignacio Ramírez en la Academia de Letrán en 1836). En un acto de vandalismo se **1948** arroja ácido sobre el rostro del niño Diego, la propia noche de la inauguración. El restaura el daño más tarde. Monseñor Martínez se niega a bendecir el local. También fueron motivo de polémica los retratos del general Maximino Avila Camacho y un supuesto familiar suyo muy cercano al presentarlos de manera crítica y burlesca. El 4 de junio, a las 8 de la noche, miembros de la ACJM (Asociación Católica de la Juventud Mexicana) y estudiantes de la Facultad de Ingeniería penetran al comedor y raspan a cuchillo las palabras "No existe". Cerca de ahí, casualmente, estaba Rivera con varios artistas e intelectuales festejando a Fernando Gamboa por haber protegido la exposición de Arte Mexicano durante "El Bogotazo" y, al tener noticia del atropello, se dirigen al hotel, improvisan un mitin y Rivera reescribe la frase mutilada. La empresa decide cubrir el mural para evitar vandalismos (pero podrá descubrirse a petición turística) situación que durará ocho años. Regresa a Chapingo en donde provoca otro escándalo al pintar, en el cubo de la escalera, el retrato del expresidente Manuel Avila Camacho con un deliberado trazo caricaturesco. No hace lo mismo en cambio, con el retrato del ingeniero Marte R. Gómez que acompaña, precisamente, al anterior. Crea otra obra maestra de caballete: *Retrato de Benito Juárez*. Orozco ejecuta su mural sobre Juárez en la Sala de la Reforma del Museo Nacional de Historia. Ortiz Monasterio esculpe el frontispicio de la Escuela Nacional de Maestros. Torres Bodet asume la dirección de la UNESCO. Braque recibe el gran premio de la Bienal de Venecia. Picasso exhibe sus cerámicas e ilustra los *Poemas* de Góngora. Tapies funda el grupo "Dau al Set". Bacon: *Tres estudios para una crucifixión*. En Italia se forma el Movimiento Arte Concreto mientras que en Nueva York los expresionistas abstractos fundan "El Club" y Dubuffet la "Compañía de Art Brut". Pound publica *The Pisan Cantos* y Capote *Other Voices, Other Rooms*. Resnais filma *Van Gogh*, Hitchcock *La Sopa*, Lawrence Olivier es Hamlet y De Sica afirma el realismo italiano con *Ladrón de bicicletas*. Messiaen: *Sinfonía Turangalila* y Boulez *Segunda Sonata para Piano*. El ballet de Katherine Dunham triunfa en París. Wiener publica *Cybernetica*, tratado con el cual crea esta ciencia. Baarden inventa el transistor. Se inaugura el Observatorio de Monte Palomar, Cal., con un telescopio de 5 metros de diámetro que lo hace el más potente del mundo. En Bogotá se funda la OEA. Bloqueo de Berlín: rompimiento de los Aliados con la URSS. Tropas norteamericanas consuman la Masacre de Ponce en Puerto Rico. La ONU adopta la Declaración Universal de los Derechos del Hombre. Asesinato de Gandhi. Corea se divide en dos repúblicas, la del norte y la del sur. Es asesinado el líder colombiano Eliecer Gaitán y se produce la insurrección popular "El Bogotazo".

El INBA le rinde homenaje al presentar en el Museo del Palacio de Bellas Artes una grandiosa exposición cuyas 1,196 obras ocupan todas sus salas y corredores: "Diego Rivera: Cincuenta años de labor artística". Por primera vez todo el público, y el pueblo,

Retrato de Ruth Rivera Marín, 1949

1949 reconoce y admira su creación artística. La notable exposición durará casi medio año con una afluencia de espectadores nunca antes vista en México. El gran libro-catálogo de la exposición aparece dos años después. La edición se agota. Como después de cuatro años y siete contratos no reanuda su trabajo en el Palacio Nacional, la Secretaría de Hacienda le ofrece el contrato a Orozco quien se niega a aceptarlo. Por fin reemprende la decoración con el panel de la *Cultura totonaca, Retrato de María Félix, Autorretrato, Desnudo de Pita Amor, Dama oaxaqueña, Retrato de Pita Amor, Retrato de Ruth Rivera, Tormenta en Cuernavaca*. Orozco concluye sus murales en el Congreso de Guadalajara en junio y, el mes de septiembre, fallece de un paro cardíaco en la ciudad de México. Frida es readmitida en el Partido Comunista. Octavio Paz: *El laberinto de la soledad*. Mérida decora varios edificios del multifamiliar Benito Juárez con el tema del Popol-Vuh. Arreola: *Varia invención*. Se constituye el Grupo Cobra con artistas de Copenhague, Bruselas y Amsterdam. Marini esculpe *El ángel de la Ciudadela*. Soulages expone en la galería Colette Allendy y Riopelle en la de Nina Dauset. Primera exposición de "Art Brut" en París. Faulkner, Nobel de Literatura. Borges: *El Aleph* y Margaret Mead: *Macho y hembra*. Se publican las revistas *Paris-Match* y *Art d'aujourd hui*. En Suiza se efectúa el gran Festival de Jazz con Armstrong, Stewart, Ellington y Gillespie. Varese estrena *Desiertos*, obra de música magnetofónica. Se firma el Pacto del Atlántico Norte (OTAN). Alemania se escinde en República Federal de Alemania y en República Democrática Alemana. Mao-Tse-Tung proclama la República Popular China y expulsa a los nacionalistas, que se establecen en Formosa. Nace la República de Irlanda. La URSS hace explotar su primera bomba atómica. La IBM se convierte en trasnacional.

Continúa en el Palacio Nacional: *El hule, Cultura huasteca* y *El cacao*. Junto con Orozco fallecido el año anterior, Siqueiros y Tamayo participa en la XXV Bienal de Venecia en el Pabellón de México. Matisse obtiene el gran premio y Siqueiros el premio Sao Paulo. Ilustra, con Siqueiros, el gran *Canto* **1950** *general* de Neruda y, en una ceremonia especial, los tres firman ejemplares del mismo. Realiza la escenografía de *El cuadrante de la soledad*, de José Revueltas, que se estrena en el Teatro Arbeu bajo la dirección de Ignacio Retes. *Huichol, Arroceros, América prehispánica, Historia de la religión* en cuatro tableros transportables. Bocetos para *El verdadero retrato de Cuauhtémoc*. Con otros artistas forma la "Sociedad de Pintores y Escultores de la Ciudad Universitaria para Proyectar una Integración Plástica Moderna". Es nombrado Miembro Honorario de la Facultad de Arquitectura de la Universidad Central de Chile. Se le otorga en México el Premio Nacional de Arte. González Camarena realiza su mural en el edificio del Instituto Mexicano del Seguro Social en el Paseo de la Reforma. Tamayo: *Músicas dormidas*. Guillermo Bravo crea el Ballet Nacional. Buñuel filma *Los olvidados*. La SEP constituye la Comisión Investigadora de los Descubrimientos de Ichcateopan para que dictamine sobre la posible autenticidad de los supuestos restos de Cuauhtémoc, descubiertos por Eulalia Guzmán. El grupo de los "Irascible Eighteen" protesta en Nueva York contra el conservadurismo del Museo Metropolitano. En la Bienal de Venecia se presentan exposiciones retrospectivas sobre "El jinete azul" y el fauvismo. Kline se pasa a la corriente abstracta. Tapies acuña el término "arte informal". Le Corbusier revoluciona la arquitectura religiosa con su Capilla de Ronchamps. Weston: primera exposición de sus fotografías en París. Cocteau filma *Orfeo*, Antonioni *Crónica de un amor*, Wilder *El ocaso de una estrella*, y Kurosawa *Rashomon*. Ionesco estrena *La cantante calva*. Einstein da a conocer su segunda Teoría de la Relatividad. Kendall, Nobel de Medicina y Fisiología por sus descubrimientos sobre las hormonas corticoides. En un acto de macarthismo, Joliot-Curie, Premio Nobel, es destituido del Comité de Energía Atómica por ser miembro del Partido Comunista Francés. Tropas de la ONU combaten a las de Corea del norte. La India se convierte en república. Truman ordena la fabricación de la bomba "H".

Realiza en el Palacio Nacional sus dos últimos tableros: *El papel* y *La colonización*, dejando inconcluso tan vasto proyecto que comprendería los episodios más trascendentales de la historia de México. Inicia los trabajos en el cárcamo del Lerma donde trata el tema "México apaga su sed". Experimenta con un material sintético nuevo, el BKS-92, emulsión de poliestireno que le permitirá pintar toda la caja de distribución de aguas e inundarla después, resistiendo a la destrucción del agua. Lamentablemente el material fracasó y la obra pictórica se dañó irreversiblemente. Pero fue patente la valentía con que acometió el experimento. Ahí mismo lleva a cabo

1951

la esculto-pintura a base de mosaico de piedra de color natural representando a Tláloc, para la cual diseñó también la fuente en la que emplaza a la colosal figura. Ilustra el *Popol-Vuh* con una serie de 14 acuarelas. Continúa sus conferencias en el Colegio Nacional. *Retrato de Lore Stavenhagen, Retrato de Pablito Nieto, Los judas,* inicia la serie de bocetos para la decoración del Estadio Olímpico de la Ciudad Universitaria. O'Gorman, Saavedra y Martínez de Velasco edifican la Biblioteca Central de la Ciudad Universitaria. Federico Cantú decora la Capilla del Seminario de las Misiones en la Universidad Intercontinental de la Ciudad de México y Zalce el Museo Regional de Morelia. José Limón estrena su ballet *Tonantzintla.* Edmundo O'Gorman: *La invención de América.* Sergio Magaña presenta *Los signos del Zodíaco* en el Palacio de Bellas Artes. El Museo de Arte Moderno de Nueva York exhibe "Pintura y Escultura Abstracta en América". Dubuffet sustenta la conferencia "Posiciones anticulturales" en el Arts Club de Chicago. Picasso: *Masacres de Corea.* Rauschenberg *Pintura blanca.* Lloyd Wright: la Capilla Wayfarers en Palos Verdes, California. Cage compone *Paisaje imaginativo No. 4,* Stravinsky *The Rake's Progress,* Messiaen *Le livre d'orgue,* Boulez *Poliphonie* y Jolivet *Concierto para piano y orquesta.* Minelli filma *Un americano en París* y Kazán *Un tranvía llamado deseo* con Vivien Leigh y Marlon Brando. Concluye la ocupación de Alemania Federal. En San Francisco, el Japón firma el Tratado de Paz con 48 países. Irán nacionaliza su industria petrolera. El general MacArthur amenaza con arrojar la bomba atómica sobre Corea. Gran incremento en los Estados Unidos del libro de bolsillo y del disco de 33 revoluciones.

Carlos Chávez, director del INBA, le encarga realizar una obra mural para que forme parte de la exposición "20 Siglos de Arte Mexicano" que se presentará en Europa y que, al finalizar su recorrido, se instalaría definitivamente en el tercer piso del Museo del Palacio

1952 de Bellas Artes, precisamente al lado de su mural *El hombre en la encrucijada mirando con esperanza y altura el advenimiento de un nuevo y mejor futuro.* Levanta sus andamios en ese lugar preciso y extendiendo el gran lienzo de lino procede a pintar *Pesadilla de guerra y sueño de paz.* El tema se lo da su propia circunstancia histórica: la "guerra fría" que se inicia a partir del fin de la guerra en 1945 y que, desembocando en la guerra de Corea, ha mantenido al mundo otra vez en armas durante cuatro años; el clamor mun-

Autorretrato, 1949

dial exige a la ONU el cese de las guerras coreana y vietnamita; se prepara el Primer Congreso Mundial de la Paz a celebrarse en Estocolmo, una de las ciudades en donde se exhibirá la exposición. Representa en la tela a las figuras de Stalin y Mao-Tse-Tung, a la izquierda, con la paloma de la Paz en los brazos, ofreciéndoles al Tío Sam, a John Bull y a Marianne, a la derecha, una pluma fuente para que suscriban el Llamamiento a la Paz de Estocolmo, lo que rechazan con gesto hosco y airado. Al extremo del lienzo aparece un soldado norcoreano crucificado (que recreó a partir de una fotografía publicada en una revista norteamericana) y el estallido de una bomba atómica. En el primer plano ubicó a diversas personalidades mexicanas (Heriberto Jara, Frida, Enrique González Martínez, etc.), recolectando en la calle firmas para la paz. El INBA rechaza el mural para la exposición y el propio Secretario de Educación, Manuel Gual Vidal, niega su exhibición en el Museo del Palacio de Bellas Artes porque "resultaría ofensiva para las naciones amigas a las cuales usted agravia". El 17 de marzo, a altas horas de la noche, el mural es "secuestrado" del Museo, cuyo director era Fernando Gamboa, desprendiendo a navaja la tela del bastidor, sin saberse nada de su paradero. Reanuda la decoración del estadio de la Ciudad Universitaria con el tema del deporte desde la época prehispánica, la labor social de la Universidad Popular y el deporte como salud, y convivencia internacional para la paz. Trabaja el mosaico de piedra de color natural a la manera teotihuacana, para que la obra resista los efectos erosivos del exterior. Prepara tanto los bocetos para la decoración del Teatro de los Insurgentes como la documentación necesaria para el hospital de La Raza. La UNAM se traslada a Ciudad Universitaria. *Retrato de Machila Armida*. *Macuilxóchitl*. Crea otra de sus obras maestras: *Retrato de Ana Mérida*. El doctor Ignacio Millán le detecta el cáncer que acabará con su vida. Siqueiros decora el auditorio del hospital de La Raza llevando a su culminación la perspectiva poliangular. Tamayo realiza dos obras murales para el Museo del Palacio de Bellas Artes, *Nacimiento de la nacionalidad* y *México de hoy* y Guerrero Galván ejecuta uno en la Comisión Federal de la Electricidad. Muere Mariano Azuela. Gaos publica *En torno a la filosofía mexicana*. Picasso pinta *La guerra y la paz* en la Capilla Vallauris. Vasarely: *Mindanao*. Frankenthaler: *Montañas y mar*. Noguchi diseña el Parque de la Paz y Kenzo Tange el Centro de la Paz en Hiroshima. Harold Rosenberg define el término "Action Painting" o "Pintura Activa". Rauschenberg, Tudor y Conniham realizan el primer "happening" en el Black Mountain College. Becket: *Esperando a Godot*. Chaplin filma *Candilejas* y Bergman *Mónica*. Salk descubre la vacuna contra la poliomielitis. Teller, inventor de la bomba "H", la hace explotar en el atolón de Bikini. Los Estados Unidos bombardean Corea del Norte. Puerto Rico se convierte en estado libre y asociado. El gobierno de Arbenz expropia a la United Fruit en Guatemala. Con la Revolución Boliviana, Paz Estenssoro asume la Presidencia. Batista da golpe de Estado a Prío Socarrás en Cuba. Levantamiento en Kenia de los Mau Mau. La IBM fabrica la primera máquina de escribir eléctrica.

Se le devuelve *Pesadilla de Guerra y Sueño de Paz*. Abandona sin concluir los trabajos del Estadio Universitario por falta de presupuesto, ejecutando sólo la parte frontal con el escudo universitario y una alegoría sobre la juventud, las competencias deportivas olímpicas y la paz. Su equipo de colaboradores **1953** llegó a sumar más de cien trabajadores, manuales y artistas nacionales y extranjeros. *La piñata* y *Niño pidiendo posada,* para la residencia de Santiago Reachi en Cuernavaca. Viaja a Chile como representante de México al Congreso Continental de la Cultura. Allí conoce a Raquel Tibol quien poco después viene a México. En Bolivia lo hacen Miembro de Honor de la Sociedad Boliviana de Sociología. Simultáneamente labora en el hospital de La Raza, *El pueblo en demanda de salud*, con la historia de la medicina prehispánica y la moderna, y en el Teatro de los Insurgentes, en donde para ilustrar la trayectoria del teatro mexicano, ubica su origen en las mujercitas de Tlatilco y su contemporaneidad en el teatro culto de *Corona de sombras* de Usigli y la carpa popular de Cantinflas. Gran escándalo al proponerse pintar la imagen de la Virgen de Guadalupe sobre la harapienta "gabardina" del cómico carpero, de lo que finalmente desiste. Dura crítica a la minoría rica que disfraza sus vicios con la máscara de la filantropía. Inicialmente la decoración se realizó con silicón de manera directa sobre el muro, más tarde sobre las láminas que servirían de matrices para el mosaico y, finalmente, en mosaico a base de resinas sintéticas o cuarzolitas a la manera italiana. Siqueiros edita *Arte público*. Tamayo realiza un mural para el Museo de Dallas. O'Gorman, Chávez Morado y varios artistas jóvenes intentan la integración plástica en el recién construido edificio de la Secretaría de Comunicaciones y Obras Públicas. Orozco Romero: *Retrato de María*. Rulfo: *El llano en llamas*. Mathias

Goeritz abre el Museo Eco como espacio experimental. Ubica allí su escultura, después conocida como *La Serpiente del Eco*. Se celebra la Primera Bienal de Sao Paulo como un baluarte del arte no figurativo. El Museo Guggenheim presenta la exposición "Jóvenes Pintores Americanos" Pollock: *Retrato y un sueño*. Bacon: *Estudio sobre el retrato del Papa Inocencio X, de Velázquez*. Stravinsky: *Los cantos de Shakespeare*. Xenakis: *Metastase*. Stockhausen: *Estudios electrónicos 1 y 2*. El cinemascope se inaugura con *El mando sagrado*. Benedek filma *El salvaje* con Marlon Brando, Tati *Las vacaciones del señor Hulot* y Comencini *Pan, amor y fantasía*. Hilary' y el Sherpa Tensing conquistan el Monte Everest. Picard alcanza los 3,150 metros de profundidad submarina. Muere Stalin: La URSS hace estallar su primera bomba atómica. Los Rosenberg son electrocutados. Armisticio en Corea. Fidel Castro defiende su propio caso por el Asalto a Moncada: "La historia me absolverá". En Colombia, Rojas Pinilla depone a Laureano Gómez. Eisenhower, Presidente, amenaza con denunciar los acuerdos de Yalta.

Pesadilla de guerra y sueño de paz es enviada a la República Popular China por intermedio del Consejo Mundial de la Paz y debidamente autorizada por el Instituto Nacional de Arqueología, Etnografía e Historia y por la Secretaría de Hacienda. Se adquirió

1954 en la suma simbólica de cinco mil dólares. Actualmente se exhibe en Pekín. Con motivo del golpe de estado que el gobierno de Arbenz sufre por parte del coronel Castillo Armas, en Guatemala, pinta *La gloriosa victoria* para denunciar la intervención de los Estados Unidos. (Actualmente se encuentra en Varsovia). Próximos a cumplirse los 26 años de haber iniciado los murales del Palacio Nacional, el ingeniero Marte R. Gómez lo invita a concluir tan magna empresa. El 13 de julio muere Frida. Se le rinde homenaje en el Palacio de Bellas Artes. No habiendo ley que lo prohiba sus compañeros colocan la bandera del Partido Comunista sobre su féretro, lo que provoca tal escándalo que el doctor Andrés Iduarte, director del INBA, renuncia a su cargo. Como paliativo a su dolor, el 8 de septiembre recibe la noticia por la cual tanto ha luchado como artista y ciudadano: es readmitido en el Partido Comunista. Los dos cuadros murales *La piñata* y *Niños pidiendo posada* son adquiridos por la Fundación McAshan Educational and Charitable Trust of Houston, de Texas, para donarlos al Hospital Infantil de la ciudad de México. *La niña de la paz, Autorretrato, Estudio del pintor, Niña* *con muñeca, La niña Lupita Cruz a los tres años, Retrato de Celia Garduño con Nieves, Juchiteca.* Inicia el mural transportable *Río Juchitán.* En el Instituto de Artes Contemporáneas de Londres se inaugura la exposición "Collage and Object". Y en el Museo Guggenheim "Jóvenes Pintores Europeos". Aparece el término *pop art.* Retrospectiva de Matisse en el Museo de Arte Moderno de Nueva York. Mueren Picabia, Matisse, Duffy y Derain. Jasper Johns: *Target with four faces.* Candela construye la llamada Iglesia de la Medalla Milagrosa. Van der Rohe y Le Corbusier exponen en Niza. Hemingway, Nobel de Literatura. Fellini filma *La calle,* Lang: *Human desire,* Kazan: *Waterfront,* Kurosawa *Los siete samurais* y Dassin *Nuevos horizontes* primera película francesa en *cinemascope.* Briggite Bardot aparece como símbolo sexual. Escándalo en París por el estreno de *Desert,* de Varese, con música magnetofónica. Cage: *4133° composición para cualquier instrumento o combinación de instrumentos en silencio.* Estreno en Jerusalén de la ópera *David,* de Milhaud, dirigida por Koussevitsky. Se inaugura el Festival de Jazz de Newport. Pauling, Nobel de Química por sus investigaciones sobre la estructura molecular. Born, Nobel de Física por sus aportaciones para la fundamentación de la mecánica cuántica. Pacto de ayuda mutua entre el Japón y los Estados Unidos. Se forma el Frente de Liberación Nacional en Algeria. Oppenheimer es destituido como director de la Comisión de Energía Atómica acusado de procomunista. Victoria vietnamita en Dien-Bien-Puh. Un golpe de estado lleva a Stroessner al poder en el Paraguay. Suicidio de Getulio Vargas, presidente del Brasil. Primer vuelo del Boeing 707 a reacción. Botadura del "Nautilus", primer submarino atómico norteamericano.

Intensa producción de cuadros de caballete: *Retrato de Dolores Olmedo, Retrato de Irene Phillips, Retrato de José Antonio del Pozo, Vendedora de flores en la carretera a Cuernavaca,* etc. El 29 de julio se casa por cuarta vez, en esta ocasión con Emma Hurtado

1955

quien, desde 1946, a través de su galería Diego Rivera, tenía la concesión para vender su obra. El 16 de agosto constituye en el Banco de México el fideicomiso mediante el cual lega al pueblo de México el Anahuacalli, con un predio de 19.311 metros cuadrados; su colección de más de 60,000 piezas prehispánicas para que se convierta en museo (se inaugurará en 1964); la casa y el terreno que heredó de Frida, con todas las colecciones de arte, objetos y mobiliario, para que se convierta también en el Museo Frida Kahlo (se inaugurará en 1958). La Academia de Bellas Artes de Moscú le extiende la invitación para que se sujete a tratamiento en la URSS. Acepta y emprende el viaje el 24 de agosto. Antes de hacerlo borra la imagen de la Virgen de Guadalupe en la gabardina de "Cantinflas" en señal de respeto a la religiosidad del pueblo mexicano. Alojado en el quinto pabellón del hospital "Serguei P. Botkin" reservado para los altos funcionarios del Partido, el 12 de septiembre un consejo de médicos integrado por los oncólogos Yanoshevsky, Gudinsky, Naslova y Liberman, encabezados por el doctor Frumkin, inicia la primera fase de su tratamiento que concluirá el 27 del mismo mes con la primera radiación a base de cobalto. La segunda se le aplicará el 6 de octubre y el 8 de este mes el nuevo consejo formado por los especialistas Shabanou, Novikou y Frumkin deciden, con la anuencia de Rivera, la intervención quirúrgica que hace el doctor Frumkin. Realiza varios retratos de niños soviéticos, de sus médicos y enfermeras, así como diversos apuntes de viaje. *Desfile de Moscú*. Es nombrado Miembro de Honor y Socio de la Sociedad de Etnografía e Historia de Bolivia y Miembro de Número de la Academia de Artes de Berlín. Chávez Morado inicia la decoración de la Alhóndiga de Granaditas en Guanajuato. Muere María Izquierdo. Rulfo publica *Pedro Páramo*. Monterde publica *Historia de la literatura mexicana*. Se inicia el Arte Cinético con el "Manifiesto Jaune" redactado por Vasarely. Motherwell: *Elegía para la República Española*. Mueren Léger y Tanguy. Le Corbusier termina la Capilla de Nuestra Señora de Ronchamps. Marcuse: *Eros y Civilización*. Paul Taylor crea el ballet *Little Circus* con música de Stravinsky. Marian Anderson es la primera cantante negra que actúa en el Metropolitan Opera House. Anger filma *La historia de O*, sobre el libro de Pauline Réage (atribuído a Jean Paulhan), Nabokov *Lolita*, Clozot *Las diabólicas* y Bergman *Sonrisas de una noche de verano*, Difusión mundial de la píldora anticonceptiva de Pincus y de la vacuna Salk contra la poliomielitis por parte de los Estados Unidos. El escritor Jacques Soustelle accede a la gubernatura de Argelia. Después de muchos años de dominación y guerra, Francia se ve obligada a evacuar Vietnam. Intervención de tropas norteamericanas en Formosa. Como una respuesta a la OTAN, el bloque socialista firma el Pacto de Varsovia. Perón es depuesto en la Argentina. Dieciocho ganadores del Premio Nobel denuncian el peligro del armamento atómico. Alexanderson inventa el receptor para televisión a color.

El 21 de enero el médico-jefe, profesor A. N. Shabanov y el jefe de la sección G. I. Koslova, firman el parte médico por medio del cual lo dan de alta. Supuestamente sano, abandona Moscú pero se detiene en Varsovia donde levantará diversos bocetos sobre escenas de trabajo que después convertirá en obras de caballete. Desde Moscú escribe a Carlos Pellicer solicitándole su intercesión para finiquitar el problema provocado por la frase atea del Hotel del Prado. Ya de regreso en México, el 15 de abril, a las 6:30 de la tarde, borra "Dios no existe" y escribe en su lugar: "Conferencia de la Academia de Letrán, 1836". El 1o. de junio dirige carta manuscrita al licenciado Antonio Carrillo Flores, secretario de Hacienda, informándole que reanudará los trabajos en el Palacio Nacional "los últimos días de agosto o primeros de septiembre". Solicita un nuevo contrato (el número diez de todos los que ha firmado desde 1941 para este compromiso) estipulando el pago de $1,500 pesos por metro cuadrado, ya que éstos "Tienen el mismo poder adquisitivo que los antiguos $500 pesos que se me pagaban durante el período del presidente Miguel Alemán" y se comprometía a pagar los materiales y el sueldo de sus ayudantes. El 12 de septiembre escribe al licenciado Agustín Yáñez, gobernador de Jalisco, aceptando su invitación para pintar en el Congreso de Guadalajara la anécdota histórica en la que Prieto salvó a Juárez de ser asesinado. Reconociendo con gran honestidad profesional que "es difícil sitio el de al lado de nuestro gran pintor muerto, su genial paisano, Clemente Orozco". El 8 de diciembre, en que cumple 70 años recibe conmovido el homenaje de los artistas e intelectuales de México. Lleva a cabo su último mural en la ciudad de México, en la finca "El Batán" de Dolores Olmedo. Después se traslada a Acapulco, allí ejecuta su póstuma obra mural en la residencia de la señora Olmedo, donde convalece. Lleva a cabo una serie de 20 pequeñas obras al óleo sobre la puesta de sol acapulqueña que resultan especialmente luminosas como si fuera el canto un cisne de uno de los pintores más coloristas que han existido en la historia del arte universal. *Calle de zona industrial en Moscú, Niño con Sputnik,* serie de los niños rusos, *Enfermera rusa, El obrero reconstructor de Varsovia* (destruido posteriormente en el incendio de la Nacional Financiera). *Conteniendo el hielo del Danubio, Paleando nieve, Desfile en Moscú, Paisaje de Cracovia* (dos versiones), *Retrato de Silvia Pinal, Puesta de Sol en Acapulco, Vista de Acapulco, Atardecer en Acapulco, Desnudo de Gracielita Garbaloza.* Lo nombran

Autorretrato, 1949

Autorretrato, 1949

Miembro Correspondiente de la Academia de Bellas Artes de Argentina. Presenta una exposición en la Galería Diego Rivera. Siqueiros se ve obligado a dejar inconcluso su mural en la Torre de Rectoría de la Ciudad Universitaria por sus profundas diferencias ideológicas con la administración alemanista. Spota publica *Casi el paraíso*. Primer Festival de Vanguardia en la unidad habitacional construida por Le Corbusier en Marsella. Primera exposición de Sam Francis en Nueva York y de Klein en París. Nervi y Vitellozzi construyen el Palacio de los Deportes de Roma. Muere Jackson Pollock. Se estrena en Los Angeles el ballet *Agón* de Stravinsky. Messiaen compone *Los pájaros exóticos*. Ussachevsky *Música para grabadora*. Bergman filma *El séptimo sello,* Kazan *Baby Doll* y Logan *Bus stop*. Gira del Modern Jazz Quartet por Europa. Luther King lucha contra la segregación racial en los transportes públicos de Alabama. El XX Congreso del Partido Comunista aprueba el informe de Kruschev y se inicia la desestalinización. Nasser nacionaliza el canal de Suez. Israel, Francia e Inglaterra atacan Egipto. Túnez se independiza de Francia. Las guerrillas de Castro ponen en jaque la dictadura de Batista. Muerte de Somoza.

El 22 de febrero el licenciado Raúl Noriega, oficial mayor de la Secretaría de Hacienda le ruega indicarle cuándo reanudará los trabajos en el Palacio Nacional. El 26 de marzo escribe al mismo licenciado Noriega solicitándole la ratificación de un acuerdo por medio del cual podría pagar sus impuestos con **1957** pintura, ya que "durante el año de mi enfermedad —nueve meses de hospitalización y cinco de viaje— naturalmente no tuve entrada alguna". Continúa trabajando en el Anahuacalli y planeando su museografía. El 5 de julio declara por escrito, a pregunta de la periodista María Ramos, de *O Globo* del Brasil, que sus murales preferidos son los de la SEP, los del Palacio Nacional, el de Detroit, el del Rockefeller Center, *Pesadilla de Guerra y Sueño de Paz* y *La Gloriosa Victoria*. Presenta su última exposición en la Galería Diego Rivera, de su esposa Emma Hurtado. Concluye sus últimas obras de caballete: *Retrato de Laura Villaseñor, Retrato de Lorenzo Villaseñor, Familia con trajes veracruzanos* y *Sandías*. Dejará inconclusas: *Retrato de la señora María Luisa Rivero y Azcárraga de Rocha, Retrato del doctor Nabor Carrillo Flores, Retrato de Ruth María de los Angeles* y *Niño con Sputnik*. Deja sin terminar los murales del Palacio Nacional con los temas de Cuauhtémoc, el Virreinato, la Independencia y el México contemporáneo. Proyectos y bocetos para el mural de la Facultad de Ciencias Químicas de la UNAM, el Estadio Universitario, la Sala de la Independencia del Museo Nacional de Historia (que hará O'Gorman), la historia del teatro mexicano para el Teatro Jorge Negrete de la Asociación Nacional de Actores (que hará Siqueiros), la decoración del Anahuacalli, el Congreso de Jalisco en Guadalajara, y anécdotas revolucionarias sobre Zapata en la residencia del director cinematográfico Emilio Fernández. Su mural de la Escuela de Bellas Artes de California es reinaugurado al retirarse el muro que lo tapiaba. A pesar de la flebo-trombosis, de la erisipela, de la bronquitis y del cáncer sigue pintando empeñosamente y sin claudicar. Siqueiros inicia sus murales en la Sala de la Revolución en el Museo Nacional de Historia, Tamayo en la Universidad de Puerto Rico y González Camarena en la Cámara de Senadores. Goeritz y Barragán: "Plaza de las cinco torres" en Ciudad Satélite. Muere Gabriela Mistral. Picasso comienza la serie *Las Meninas*. Hartung y Gaspar Johns presentan su primera exposición en Nueva York. El Museo de Arte Moderno de Nueva York presenta la "Picasso 75th. Anniversary Exhibition". Manzú: *Female Dancer*. Johnsson y Van der Rohe: el edificio Seagram de Nueva York. Lean filma *El puente sobre el Río Kwai*, Fellini *Las noches de Cabiria*, Antonioni *El grito*, Buñuel *Nazarín* y Kalatozov *Cuando pasan las cigueñas*. Se funda el Consejo Internacional de Sociedades de Diseño Industrial en Nueva York. Poulenc: *Diálogos de los Carmelitas* sobre textos de Bernanos. Robbins crea la coreografía de *West side story* con música de Bernstein y Miles Davis escribe música de jazz para el filme de Louis Malle *Ascensor para el cadalso*. La Compañía Renaud-Barrault presenta en Nueva York *Cristóbal Colón*, de Claudel. El American National Theatre presenta *Largo viaje de un día hacia la noche*, de O'Neill. Muere Sibelius. La Universidad de Illinois inaugura su Taller de Música Experimental. La URSS abre la era espacial lanzando el *Sputnik I*. México es elegido miembro de la Comisión del Desarme integrada por 18 naciones. Con el Tratado de Roma se organiza el Mercado Común Europeo. Tropas federales intervienen en Little Rock, Arkansas, para poner fin a la discriminación racial. Se proclaman doce repúblicas en el Africa francesa. La televisión a color domina el mercado comercial en los Estados Unidos.

El domingo 24 de noviembre, a las 11:20 de la noche, después de pronunciar "NO" como su última palabra, muere en su casa-taller de San Angel, 15 días antes de cumplir los 71 años de edad. Se le viste con un traje y una corbata azules, una camisa roja y se le coloca un casco de obrero color café. Innumerables veces declaró su voluntad, incluso por escrito, de que, a su muerte, se le incinerara, se mezclaran sus cenizas con las de Frida, se colocaran en una urna zapoteca previamente seleccionada por él mismo, y se suspendiera desde el centro del plafón de la sala principal del Anahuacalli. En lugar de eso, sus restos fueron inhumados en la Rotonda de los Hombres Ilustres.

Detrás de él queda una obra increíble en su vastedad cuantitativa, sembrada de obras maestras que honran al arte universal. En ella decantó lo mejor de su propia condición humana, signada siempre por su profundo amor al pueblo mexicano y por su indeclinable lucha cotidiana por la paz.

Adrián Villagómez L.
26 de julio de 1986.

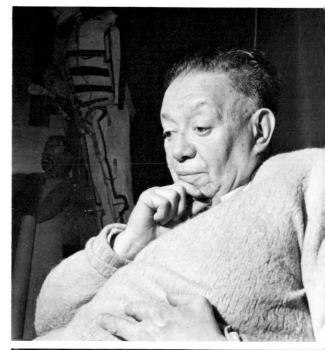

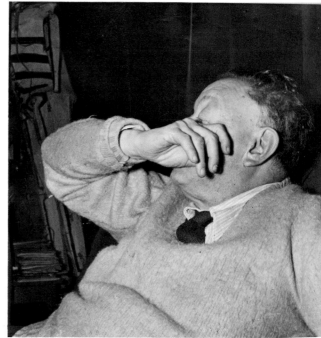

Fotografías de Héctor García

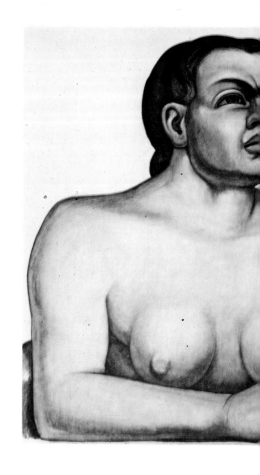

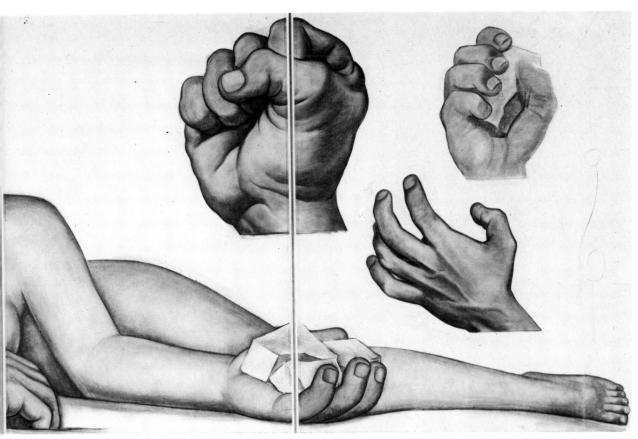

Figura representando la raza blanca, 1932
Boceto para el muro sur del mural *La Industria de Detroit*

Cabeza de mujer, 1898
Lápiz/papel
36.2 × 28.3 cm

Paseo de los melancólicos ó
La Castañeda, 1904
Oleo/tela
102 × 67 cm

Retrato de Adolfo Best Maugard, 1913
Oleo/tela
226.8 × 161.6 cm

El Arquitecto (Jesús T. Acevedo), 1915
Oleo/tela
144 × 113.5 cm

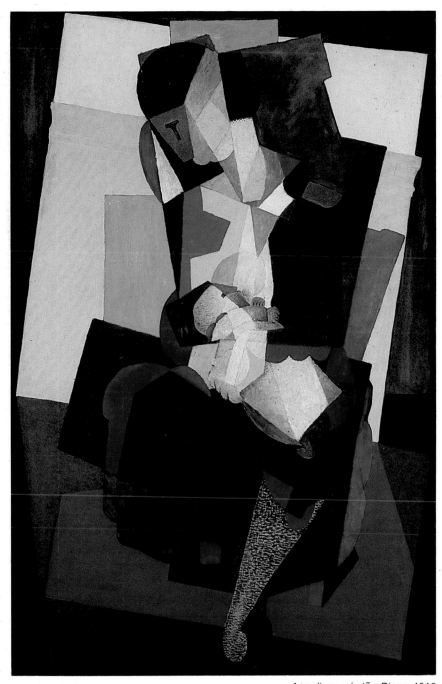

Angelina y el niño Diego, 1916
Oleo/tela
132 × 86 cm

El balcón, 1921
Oleo/tela
81 × 65.5 cm

Retrato de
David Alfaro Siqueiros, 1921
Carbón y sanguina/papel
38.8 × 24.4 cm

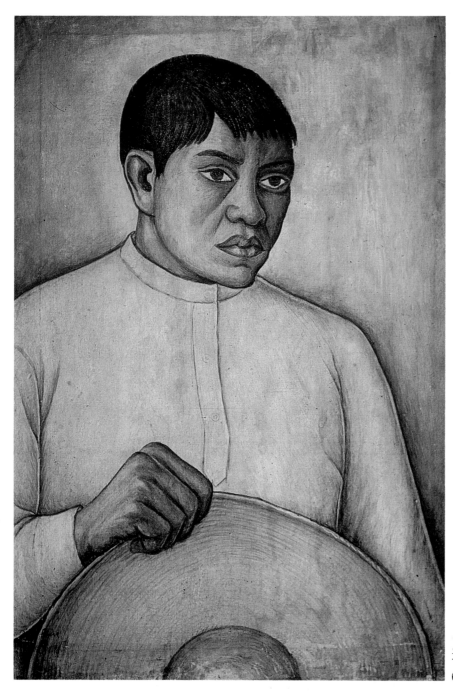

Campesino con sombrero, 1926
Témpera/lino
69 × 48 cm

Dos mujeres y un niño, 1926
Oleo/tela
74.3 × 80 cm

Choza de adobe, 1927
Carbón con sanguina/papel
63.5 × 48.9 cm

Retrato de Edsel B. Ford, 1932
Oleo/tela
97.8 × 125.1 cm

Mujeres sentadas, 1936
Oleo/lino
80.7 × 60.5 cm

Retrato de un hombre (Carlos Pellicer), 1936
Pastel/papel
41 × 45 cm

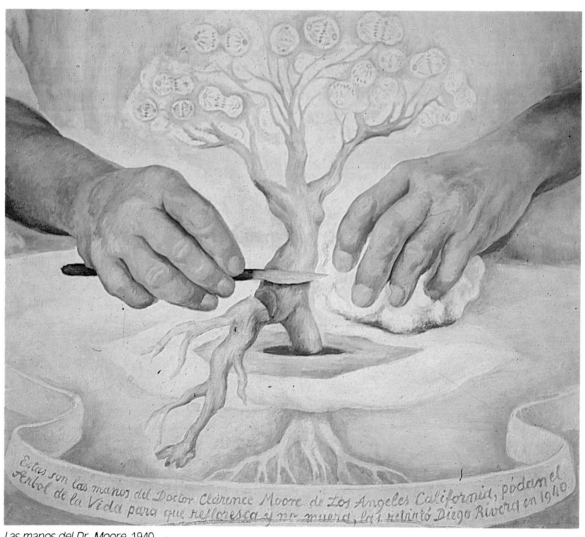

Las manos del Dr. Moore, 1940
Oleo/tela
45.7 × 55.9 cm

Volcán en erupción
(del álbum *El Paricutín*), 1943
Acuarela/papel
44 × 31 cm

El refugio de Hitler, 1956
Oleo y témpera/tela
105 × 135 cm

CATALOGO

Pintura

1. *Paisaje*, 1896-1897
   Oleo/tela
   70 × 55 cm
   Col. Guadalupe Rivera de
   Iturbe

2. *Paisaje del lago*, 1900
   Oleo/tela
   53 × 73 cm
   Col. Daniel Yankelewitz B.,
   Costa Rica

3. *Paseo de los melancólicos* ó
   La Castañeda, 1904
   102 × 67
   Oleo/tela
   Col. Museo Franz Mayer,
   Banco Nacional de México

4. *La Era*, 1904
   Oleo/tela
   100 × 114.6 cm
   Col. INBA, Museo y Casa de
   la Cultura Diego Rivera
   Guanajuato

5. *Autorretrato*, 1907
   Oleo/tela
   84.5 × 65.5 cm
   Col. Dolores Olmedo

6. *La noche de Avila*, 1907
   Oleo/tela
   99 × 92 cm
   Col. Dolores Olmedo

7. *En la calle de Avila*, 1908
   Oleo/tela
   129 × 141 cm
   Col INBA, Museo Nacional
   de Arte

8. *Nuestra Señora de París*, 1909
   Oleo/tela
   144 × 113 cm
   Col. INBA, Museo Nacional
   de Arte

9. *La casa sobre el puente*, 1909
   Oleo/tela
   146 × 147 cm
   Col. INBA, Museo Nacional
   de Arte

10. *Muchacha bretona*, 1910
    Oleo/tela
    100 × 80 cm
    Col. INBA, Museo Nacional
    de Arte

11. *En las afueras de Toledo* ó *Los
    Viejos*, 1912
    Oleo/tela
    164 × 200 cm
    Col. Dolores Olmedo

12. *Fuente cerca de Toledo*, 1913
    Oleo/tela
    164.5 × 200.5 cm
    Col. Dolores Olmedo

13. *Retrato de Adolfo Best
    Maugard*, 1913
    Oleo/tela
    226.8 × 161.6
    Col. INBA, Museo Nacional
    de Arte

14. *Paisaje español, Toledo*, 1913
    Oleo/tela
    89 × 100 cm
    Col. Guadalupe Rivera de
    Iturbe

15. *Joven con alcachofas*, 1913
    Oleo/tela
    80.5 × 75
    Col. Manuel Arango

16. *El viaducto* ó *El sol
    rompiendo la bruma*, 1913
    Oleo/tela
    83.5 × 59 cm
    Col. Dolores Olmedo

17. *Marino almorzando*, 1914
    Oleo/tela
    114 × 70 cm
    Col. INBA, Museo y Casa de
    la Cultura Diego Rivera
    Guanajuato

18. *Dos mujeres*, 1914
    Oleo/tela
    198.1 × 160 cm
    Col. Fundación Centro de
    Artes de Arkansas

19. *El joven de la estilográfica
    (Retrato de Adolfo Best
    Maugard)*, 1914
    Oleo/tela
    79.5 × 63.5 cm
    Col. Dolores Olmedo

20. *Retrato de Martín Luis
    Guzmán*, 1915
    Oleo/tela
    72.3 × 59.3 cm
    Col. particular

21. *El arquitecto (Jesús T.
    Acevedo)*, 1915
    Oleo/tela
    144 × 113.5 cm
    Col. INBA, Museo de Arte
    Alvar y Carmen T. de
    Carrillo Gil

22. *Paisaje zapatista*, 1915
    Oleo/tela
    144 × 123 cm
    Col. INBA, Museo Nacional
    de Arte

23. *Marievna* (?), *Retrato de
    Madame Marcoussis* (?), 1915
    Oleo/tela
    146.1 × 115.6
    Col. Instituto de Arte de
    Chicago

24. *Angelina y el niño Diego*, 1916
    Oleo/tela
    132 × 86 cm
    Col. INBA, Museo de Arte
    Alvar y Carmen T. de
    Carrillo Gil

25. *Retrato de un poeta*, 1916
    Oleo/tela
    130 × 97 cm
    Col. INBA, Museo de Arte
    Alvar y Carmen T. de
    Carrillo Gil

26. *El poste de telégrafo*, 1916
Oleo/tela
98 × 79.5
Col. Dolores Olmedo

27. *Naturaleza muerta con casa verde*, 1917
Oleo/tela
61 × 46 cm
Col. Museo Stedelijk, Amsterdam

28. *Mujer con ganso*, 1918
Oleo/tela
62.5 × 81 cm
Col. Dolores Olmedo

29. *El matemático*, 1918
Oleo/tela
115.5 × 80.5 cm
Col. Dolores Olmedo

30. *Retrato de Alberto J. Pani*, 1920
Oleo/tela
79.5 × 99 cm
Col. Dolores Olmedo

31. *El balcón*, 1921
Oleo/tela
81 × 65.5 cm
Col. Samuel Goldwyn, EUA

32. *Retrato de Xavier Guerrero*, 1921
Oleo/tela
41.7 × 29.9
Col. Madeleine Blanche Vallier, EUA

33. *Bañistas de Tehuantepec*, 1923
Oleo/tela
63.5 × 53.5 cm
Col. INBA, Museo y Casa de la Cultura Diego Rivera Guanajuato

34. *La molendera*, 1924
Encaústica/tela
90 × 117 cm
Col. INBA, Museo de Arte Moderno

35. *La siesta*, 1926
Oleo/tela
54.6 × 73.7 cm
Col. Asociación del Museo de San Antonio

36. *Dos mujeres y un niño*, 1926
Oleo/tela
74.3 × 80 cm
Col. Museo de Bellas Artes de San Francisco

37. *Esperando las tortillas ó La tortillera*, 1926
Oleo/tela
74.3 × 80 cm
Col. Regentes de la Universidad de California, San Francisco

38. *Campesino con sombrero*, 1926
Témpera/lino
69 × 48 cm
Col. particular

39. *Retrato de Guadalupe Marín*, 1926
Encaústica/tela
67.3 × 56.5 cm
Col. Galería de Arte del Colegio Vassar, Poughkeepsie, Nueva York

40. *Baile en Tehuantepec ó Fiesta tehuana*, 1928
Oleo/tela
199 × 162 cm
Col. IBM, Armonk, Nueva York

41. *Mujer lavando ropa en el río entre zopilotes*, 1928
Oleo/tela
84.8 × 64.8 cm
Col. particular

42. *Retrato de Caroline Durieux*, 1929
Oleo/tela
66 × 50.8 cm
Col. Universidad del Estado de Louisiana, Baton Rouge

43. *La canoa enflorada*, 1931
Oleo/tela
200 × 160 cm
Col. Dolores Olmedo

44. *Manos ó Cactus en la planicie*, 1931
Oleo/tela
69.2 × 84.5 cm
Col. Casa Edsel y Eleanor Ford, Grosse Pointe

45. *La ofrenda*, 1931
Oleo/tela
123.3 × 153 cm
Col. Eva Francés de Santos

46. *Retrato de Edsel B. Ford*, 1932
Oleo/tela
97.8 × 125.1 cm
Col. Instituto de Artes de Detroit

47. *Retrato de Robert H. Tannahill*, 1932
Oleo/tela
88.3 × 69.9 cm
Col. Instituto de Artes de Detroit

48. *El vendedor de flores*, 1935
Oleo y témpera/masonite
121.9 × 121.3 cm
Col. Museo de Arte Moderno de San Francisco

49. *Vendedora de pinole*, 1936
Acuarela/tela
81.4 × 60.7 cm
Col. INBA, Museo Nacional de Arte

50. *Mujeres sentadas*, 1936
Oleo/lino
80.7 × 60.5 cm
Col. particular, Caracas

51. *Indígena tejiendo*, 1936
Oleo/tela
59.7 × 81.3 cm
Col. Museo de Arte de Phoenix

52. *Raíces*, 1937
Acuarela/lino
45.7 × 61.5 cm
Col. particular, EUA

53. *Tecalpexco*, 1937
Témpera/madera
58.4 × 80 cm
Col. Museo de Arte Mead,
Colegio Amherst,
Mass., EUA

54. *Copalli*, 1937
Oleo/tela
91.5 × 114.5 cm
Col. Museo de Brooklyn,
Nueva York

55. *Retrato de Lupe Marín*,
1938
Oleo/tela
171.3 × 122.3 cm
Col. INBA, Museo de Arte
Moderno

56. *Bailarina en reposo*, 1939
Oleo/tela
164 × 94 cm
Col. Dolores Olmedo

57. *Dama de blanco ó
Mandrágora*, 1939
Oleo/tela
120.6 × 91.4 cm
Col. Museo de Arte de San
Diego

58. *Paisaje simbólico ó Arbol
con guante y cuchillo*, 1940
Oleo/tela
121.6 × 152.7 cm
Col. Museo de Arte de San
Francisco

59. *Las manos del Dr. Moore*
Oleo/tela
45.7 × 55.9 cm
Col. Museo de Arte de San
Diego

60. *Autorretrato*, 1941
Oleo/tela
61 × 43 cm
Col. Museo de Arte del
Colegio Smith,
Northampton, Mass.

61. *Día de muertos* 1944
Oleo/masonite
73 × 101 cm
Col. INBA, Museo de Arte
Moderno

62. *Las ilusiones*, 1944
Oleo/tela
75 × 59 cm
Col. del Museo de Arte de
Sao Paulo, Brasil

63. *El modisto Henry de
Chatillon*, 1944
Oleo/masonite
121 × 152 cm
Col. Marcos Micha Levy

64. *Desnudo con alcatraces*,
1944
Oleo/masonite
157 × 124 cm
Col. Emilia Guzzy de Gálvez

65. *Retrato de Adalgisa Nery*,
1945
Oleo/tela
122 × 62 cm
Col. Rafael Mareyna

66. *Retrato de la familia
Knight*, 1946
Oleo/tela
181 × 202 cm
Col. Instituto de Artes
de Minneapolis, Minesota

67. *Retrato de Irene Estrella*,
1946
Oleo/tela
120.4 × 93 cm
Col. Academia de Phillips
Exeter, Galería Lamont,
Exeter

68. *Paisaje nocturno*, 1947
Oleo/tela
111 × 91 cm
Col. INBA, Museo de Arte
Moderno

69. *Las tentaciones de San
Antonio*, 1947
Oleo/tela
90 × 110 cm
Col. INBA, Museo de Arte
Moderno

70. *Autorretrato*, 1949
Témpera/tela
31 × 26.5 cm
Col. Burt B. Holmes, EUA

71. *Retrato de Ruth Rivera
Marín*, 1949
Oleo/tela
199 × 100.5 cm
Col. Rafael Coronel

72. *Retrato de la señorita
Matilda Palou*, 1951
Oleo/tela
200.5 × 123 cm
Col. Familia de Osceola Heard,
Davenport

73. *El estudio del pintor*, 1954
Oleo/tela
178 × 150 cm
Col. Secretaría de Hacienda y
Crédito Público

74. *Retrato de Dolores Olmedo*,
1955
Oleo/tela
200 × 152 cm
Col. Dolores Olmedo

75. *El refugio de Hitler ó Ruinas
de la Cancillería de Berlín*, 1956
Oleo y témpera/tela
105 × 135 cm
Col. particular, EUA

76. *Conteniendo el hielo del
Danubio*, 1956
Oleo/tela
90 × 116 cm
Col. Secretaría de Hacienda
y Crédito Público

77. *Desfile del 1o. de Mayo en Moscú*, 1956
Oleo/tela
135.2 × 108.3 cm
Col. Banamex

78. *Puesta de sol*, 1956
Oleo témpera
30 × 40 cm aprox. c/u
(20 cuadros)
Col. Dolores Olmedo

79; *Las sandías*, 1957
Oleo/tela
67 × 91 cm
Col. Dolores Olmedo

Acuarelas y Dibujos

1. *Retrato de María Barrientos de Rivera (madre del artista)*, 1896
Lápiz/papel
31 × 22 cm
Col. Dolores Olmedo

2. *Cabeza de mujer*, 1898
Lápiz /papel azul y verde
36.2 × 28.26 cm
Col. ENAP-UNAM

3. *Desnudo de pie, recargado en una urna*, 1898
Lápiz/papel
50.7 × 35.2 cm
Col. ENAP-UNAM

4. *Guirnalda*, 1900
Lápiz/papel gris
60.6 × 44.1 cm
Col. ENAP-UNAM

5. *Afluencia de ríos*, 1906
Pastel/papel
31 × 32 cm
Col. Banamex

6. *Caballo muerto*, 1906
Carbón gouache y tinta/papel
32.6× 39.7 cm
Col. Museo de Arte Moderno, Nueva York

7. *Aquelarre en Brujas ó Escena nocturna*, 1909
Carboncillo/papel
27.8 × 46 cm
Col. INBA, Museo y Casa de la Cultura Diego Rivera, Guanajuato

8. *Arbol*, 1913
Acuarela/papel
33.8 × 26 cm
Col. INBA, Museo y Casa de la Cultura Diego Rivera, Guanajuato

9. *Naturaleza muerta con tetera*, 1913
Lápiz/papel
25.8 × 35 cm
Col. INBA, Museo y Casa de la Cultura Diego Rivera, Guanajuato

10. *Paisaje de París*, 1913
Lápiz
33.4 × 25.8 cm
Col. INBA, Museo y Casa de la Cultura Diego Rivera, Guanajuato

11. *Cabeza de marino*, (segunda versión), 1914
Lápiz/papel
42.8 × 26 cm
Col. INBA, Museo y Casa de la Cultura Diego Rivera, Guanajuato

12. *Paisaje de Mallorca*, 1914
Acuarela y lápiz/papel
50.8 × 32.5 cm
Col. INBA, Museo y Casa de la Cultura Diego Rivera, Guanajuato

13. *Naturaleza muerta española*, 1914
Lápiz/papel
41.8 × 25 cm
Col. INBA, Museo y Casa de la Cultura Diego Rivera, Guanajuato

14. *Retrato de Chirokof*, 1917
Lápiz/papel
30.6 × 25.8 cm
Col. Museo de Arte Worcester, Mass.

15. *Retrato de Angelina Beloff*, 1917
Lapiz/papel
33.7 × 25.7 cm
Col. Museo de Arte Moderno, Nueva York

16. *Retrato de Mme. Adam Fischer (Ellen Fischer)*, 1918
Lápiz/papel
47.2 × 30.9 cm
Col. Museo de Arte Fogg, Universidad de Harvard

17. *Retrato del grabador Lebedeff*, 1918
Lápiz/papel
31.1 × 23.8 cm
Col. Burt B. Holmes, EUA

18. *Naturaleza muerta ó Desayuno con botella de vino*, 1918
Lápiz/papel
48.9 × 40.9 cm
Col. Museo de Arte Mead, Colegio Amherst, Mass.

19. *Frutero*, 1918
Lápiz/papel
23.5 × 31.1 cm
Col. Museo de Arte de Worcester, Mass.

20. *Naturaleza muerta con botella, cuchillo y castañas*, 1918
Lápiz/papel
31.4 × 23.5 cm
Col. Instituto de Artes de Detroit

21. *Retrato de Alberto J. Pani*, 1919
Lápiz/papel
30 × 22.5 cm
Col. INBA, Museo y Casa de la Cultura Diego Rivera, Guanajuato

22. *Retrato de Jean Pierre Faure*, 1920
Lápiz/papel
47.1 × 31.8 cm
Col. Instituto de Artes de Chicago, EUA

23. *31 dibujos hechos en Italia*, 1920-1921
Volumen encuadernado
21 × 13.3 cm y 11.5 × 12.7 cm aprox.
Col. Sra. Charlot, EUA

24. *Mujer dormida*, 1921
Crayón negro/papel
61.2 × 46 cm
Col. Museo de Arte Fogg, Universidad de Harvard

25. *Autorretrato*, 1921
Carbón, sanguina/papel
38 × 24 cm
Col. Dolores Olmedo

26. *Retrato de David Alfaro Siqueiros*, 1921
Gis negro y rojo/papel
38.8 × 24.4 cm
Col. INBA, Museo y Casa de la Cultura Diego Rivera, Guanajuato

27. *Estudio de vaso etrusco antropomórfico*, 1921
Lápiz/papel
32 × 22.2 cm
Col. Museo de Arte de Filadelfia

28. *Cabeza*, 1921-1922
Estudio para la figura *La Música*, mural del Anfiteatro Bolívar, Escuela Nacional Preparatoria, México, D.F.
Gis negro, sanguina y gis blanco/papel
61.6 × 47.5 cm
Col. Museo de Arte Moderno de San Francisco

29. *Mano*, 1921-1922
Estudio para la figura *La Ciencia*, mural del Anfiteatro Simón Bolívar, Escuela Nacional Preparatoria, México, D.F.
Gis negro, sanguina/papel
47.9 × 61.3 cm
Col. Museo de Arte Moderno de San Francisco

30. *Dos manos (las palmas hacia arriba)*, 1922
Estudio para la figura *La Sabiduría*, mural del Anfiteatro Simón Bolívar, Escuela Nacional Preparatoria
Gis negro y sanguina/papel
48.9 × 66.1 cm
Col. Museo de Arte Moderno de San Francisco

31. *Tejedoras*, 1923
Estudio para el mural de la Secretaría de Educación Pública
Carboncillo/papel
45.7 × 30.5 cm
Col. A. Cristóbal

32. *Hombre con rueca*, 1923
Estudio para el mural de la Secretaría de Educación Pública
Lápiz/papel
30.2 × 44.5 cm
Col. Museo de Arte de Filadelfia

33. *Caballo con brida y silla*, 1923
Estudio para el caballo de la izquierda del mural *La liberación del peón*, de la Secretaría de Educación Pública
Lápiz/papel
48.1 × 29.2 cm
Col. Museo de Arte de Filadelfia

34. *Vendedor de flores descansando, Tehuantepec*, 1923
Lápiz/papel
27.3 × 21.2 cm
Col. Museo de Arte Moderno de San Francisco

35. *Dos mujeres paradas conversando, Tehuantepec*, 1923
Estudio preliminar para el mural *La zafra* de la Secretaría de Educación Pública
Lápiz/papel
33 × 21.6 cm
Col. Museo de Arte Moderno de San Francisco

36. *Cabeza de tehuana*, 1923
Acuarela/gis negro/papel
42.8 × 31.7 cm
Col. Museo de Arte de Filadelfia

37. *Mujer bañista, Tehuantepec*, 1923
Estudio para el óleo *Bañista de Tehuantepec*
Carbón/papel
62.6 × 46.5 cm
Col. Museo de Arte Moderno de San Francisco

38. *Escenas de Tehuantepec*, 1932
Cuaderno con dibujos (59 páginas)
Lápiz/papel
22.2 × 16.5 cm c/u
Col. particular

39. *Día de muertos en el campo*, 1925
Estudio para el mural *La ofrenda* de la Secretaría de Educación Pública
Lápiz, carbón y sanguina/papel
46.4 × 29.8 cm
Col. Museo de Arte Moderno, Nueva York

40. *Benditos frutos de la sabiduría*, 1925
Lápiz/papel
48.26 × 53.34 cm
Col. Rafael Coronel, México

41. *Falso aprendizaje*, 1925
Lápiz/papel
48.3 × 53.3 cm
Col. Rafael Coronel

42. *Desnudo reclinado*, 1925
Estudio para la figura *La tierra dormida,* mural de la Capilla de la Universidad Autónoma de Chapingo
Lápiz/papel
45.1 × 63 cm
Col. Museo de Arte de Filadelfia

43. *Torso de mujer*, 1925
Estudio para la figura central de *La tierra liberada*, en la Capilla de la Universidad Autónoma de Chapingo
Carbón o tiza negra/papel
47.9 × 63 cm
Col. Museo de Arte de Filadelfia

44. *Desnudo de mujer con el cabello trenzado*, 1925
Estudio para la figura *La tierra abundante*, mural de la Capilla de la Universidad Autónoma de Chapingo
Lápiz/papel
35.8 × 50.9 cm
Col. Museo de Arte Moderno, Nueva York

45. *Desnudo masculino sosteniendo una caña*, 1925
Estudio para el techo de la Capilla de la Universidad Autónoma de Chapingo
Lápiz/papel
40.6 × 30.8 cm (arriba)
21.8 cm (abajo)
Col. Museo de Arte de Filadelfia

46. *Noche de los pobres*, 1925
Estudio para el mural del mismo título de la Secretaría de Educación Pública
Lápiz/papel
31.8 × 29.8 cm
Col. Museo de Arte de Filadelfia

47. *Minero cateado*, 1925
Tinta/papel
31 × 22.5 cm
Col. A. Cristóbal

48. *Liquidación del orden feudal*, 1926
Estudio para el mural *Garantías* de la Secretaría de Educación Pública
Lápiz/papel
33 × 43.4 cm
Col. Museo de Arte de Filadelfia

49. *Fuego*, 1926
Estudio para la figura en el mural *La tierra liberada* de la Capilla de la Universidad Autónoma de Chapingo
Carbón/papel
30.5 × 45.7 cm
Col. David R. Sacks y señora, EUA

50. *Desnudo femenino en cuclillas con los brazos extendidos*, 1926
Estudio para la figura central de *Las fuerzas subterráneas* de la Capilla de la Universidad Autónoma de Chapingo
Carbón/papel
48.2 × 62 cm
Col. Museo de Arte de Baltimore

51. *Desnudo sentado de espaldas*, 1926
Estudio para la figura a la derecha de *Germinación* de la Capilla de la Universidad Autónoma de Chapingo
Gis rojo/papel
63.2 × 48.5 cm
Col. Museo de Arte Moderno de San Francisco

52. *Desnudo femenino con cabello largo*, 1926
Estudio para la figura baja central del mural *Las fuerzas subterráneas* de la Capilla de la Universidad Autónoma de Chapingo
Gis negro y acuarela/papel
62.2 × 48.2 cm
Col. Instituto de Artes de Detroit

53. *Retoñando*, 1926
Estudio para el mural *La maduración* de la Capilla de la Universidad Autónoma de Chapingo
Lápiz/papel
48.1 × 38.5 cm
Col. Museo de Arte de Filadelfia

54. *Desnudo reclinado*, 1926
Estudio para la figura central del mural *Las fuerzas reaccionarias* de la Capilla de la Universidad Autónoma de Chapingo
Lápiz/papel
31 × 48.1 cm
Col. Palacio de la Legión de Honor de California, San Francisco

55. *Mujer borracha*, 1926
Carbón/papel
27 × 37.8 cm
Col. Museo de Arte
Moderno de San Francisco

56. *El comedero*, 1926
Carbón y lápiz/papel
37.8 × 27.3 cm
Col. Museo de Arte
Moderno de San Francisco

57. *Indígena con maíz*, 1926
Gis negro/papel
53.2 × 48.3 cm
Col. Palacio de la Legión de
Honor de California, San
Francisco

58. *Mujer arrodillada con niño
dormido*, 1926
Tinta negra y lápiz/papel
60 × 46.8 cm
Col. Museo de Arte de
Filadelfia

59. *Paisaje de Tlanepantla*,
1926
Crayón conte/papel
27.3 × 38.8 cm
Col. Museo de Arte
Moderno de San Francisco

60. *Retrato de Tina Modotti*,
1926
Gis negro/papel
48.5 × 31.5 cm
Col. Museo de Arte de
Filadelfia

61. *Retrato de la Sra. y el Sr.
Stackpole*, 1926
Lápiz/papel
64.8 × 54 cm
Col. Fred H. Altschuler y
señora, EUA

62. *Germinación*, 1927
Estudio para la sección del
mismo nombre del mural

de la Capilla de la
Universidad Autónoma de
Chapingo
Lápiz/papel
50.5 × 75.6 cm
Col. Academia de Artes de
Honolulú

63. *Indígena con bebé*, 1927
Lápiz/papel
62.2 × 47 cm
Col. Museo de Arte de
Worcester

64. *Diseño de portada para la
revista "Mexican folkways"*,
1927
Tinta negra/papel
31.1 × 23.5 cm
Col. Galerías Lewin, Palm
Springs

65. *Choza de adobe con
calabazas en el techo*, 1927
Carbón con pigmento
rojo/papel
63.5 × 48.9 cm
Col. Instituto de Artes de
Detroit

66. *Paisaje mexicano*, 1927
Lápiz/papel
31.1 × 47.2 cm
Col. Museo de Arte Fogg,
Universidad de Harvard

67. *Casa mexicana*, 1927
Lápiz/papel
31.8 × 47 cm
Col. Museo de Arte
Worcester

68. *Paisaje mexicano*, 1927
Lápiz/papel
23.7 × 31.1 cm
Col. Museo de Arte de
Filadelfia

69. *Retrato de Mariano Azuela*,
1927
Tinta negra y lápiz/papel
31 × 24 cm
Col. Museo de Arte de
Filadelfia

70. *Convenciones de la Liga de
Comunicaciones Agrarias y
Sindicatos Campesinos del
Estado de Tamaulipas*
Dos Vols.
Album con 42 dibujos, 1927
Album con 39 dibujos, 1927
Album con 39 dibujos, 1928
Tinta negra/papel
41 × 34 cm c/álbum
31.1 × 32.5 cm c/dibujo
Col. INBA, Museo y Casa de la
Cultura Diego Rivera,
Guanajuato

71. *1o. de Mayo en Moscú*,
1928
(5 acuarelas de una serie de
45)
Acuarela/papel
10.5 × 16.2 cm c/u aprox.
Col. Museo de Arte
Moderno, Nueva York

72. *Quema de judas*, 1929
Acuarela y carbón/papel
47.7 × 62.5 cm
Col. Banamex

73. *Desnudo reclinado con
serpiente*, 1929
Estudio para la figura
Continencia del mural de la
Secretaría de Salubridad y
Asistencia
Lápiz/papel
45.5 × 61.2 cm
Col. Museo de Arte de
Filadelfia

74. *La zafra*, 1930
Estudio para *Plantío de
cañas en Morelos*, del mural
del Palacio de Cortés,
Cuernavaca
Lápiz/papel
41.6 × 43.8 cm
Col. Museo de Arte de
Filadelfia

75. *Los soldados de Cortés torturando y golpeando*, 1930
Estudio para la sección *La toma de Cuernavaca* del mural del Palacio de Cortés, Cuernavaca
Lápiz/papel
41.6 × 43.8 cm
Col. Museo de Arte Mead, Colegio Amherst, Mass.

76. *Construcción del Palacio de Cortés*, 1930
Estudio para el mural del Palacio de Cortés, Cuernavaca
Lápiz/papel
47.9 × 31.8 cm
Col. Museo de Arte Moderno, Nueva York

77. *Mesa y cactus*, 1930
Acuarela/papel
31.8 × 48.3 cm
Col. Instituto de Artes de Detroit

78. *Buitres sobre cactus*, 1930
Acuarela y gis negro/papel
42.9 × 32.3 cm
Col. Instituto de Artes de Detroit

79. *Sin título (energía)*, 1930
Estudio para el mural *Alegoría de California*
Lápiz/papel
61.6 × 47.9 cm
Col. Museo de Arte Moderno de San Francisco

80. *Mineros cirniendo oro ó Marshall descubre oro en California*, 1930
Estudio para el mural *Alegoría de California*
Lápiz/papel
61.6 × 47.9 cm
Col. Museo de Arte Moderno de San Francisco

81. *Cabeza de mujer*, 1931
Gis negro y rojo/papel
62.3 × 48 cm
Col. Museo de Arte Moderno de San Francisco

82. *Patos*, 1931
Pastel/papel
61.9 × 48 cm
Col. Museo de Arte Moderno de San Francisco

83. *La hechura de un fresco*, 1931
Segundo estudio para el mural del mismo título en el Instituto de Arte de San Francisco
Lápiz/papel
43.2 × 58.4 cm
Col. particular, EUA

84. *Retrato de Arthur Brown*, 1931
Estudio para el mural *La hechura de un fresco* del Instituto de Arte de San Francisco
Sanguina y carbón/papel
58.4 × 48.2 cm
Col. Palacio de la Legión de Honor de California, San Francisco

85. *Retrato de William Gerstler*, 1931
Estudio para el mural *La hechura de un fresco* del Instituto de Arte de San Francisco
Lápiz/papel
60.9 × 45.7 cm
Col. particular, EUA

86. *El dibujante* (Albert Barrows), 1931
Estudio para el mural *La hechura de un fresco* del Instituto de Arte de San Francisco
Carbón y lápiz/papel
55.9 × 43.2 cm
Col. particular, EUA

87. *Ralph Stackpole cortando piedra*, 1931
Estudio para el mural *La hechura de un fresco* del Instituto de Arte de San Francisco
Carbón/papel
60.9 × 45.7 cm
Col. Galería Lewin, Palm Springs

88. *Clifford Wright midiendo* 1931
Carbón/papel
60.9 × 45.7 cm
Col. A. Cristóbal

89. *Carretera mexicana*, 1931
Ilustración para el libro *México: A Study of two Americas*, de Stuart Chase, New York, The Mac Millan Co., 1937
Tinta negra/papel
48 × 31.6 cm
Col. Museo de Arte de Filadelfia

90. *Vendedoras de flores*, 1931
Ilustración para el libro *México: A Study of two Americas*, de Stuart Chase
Tinta negra/papel
72 × 57 cm
Col. Museo Franz Mayer

91. *Mercado*, 1931
Ilustración para el libro *México, A Study of two Americas*, de Stuart Chase
Tinta negra/papel
72 × 57 cm
Col. Museo Franz Mayer

92. *La creación*, 1931
Acuarela/papel
45.7 × 61 cm
Col. particular, EUA

93. *El primer juego de pelota*, 1931
Acuarela/papel
30.5 × 45.7 cm
Col. particular, EUA

94. *Tigre Sol, Tigre Luna*, 1931
Acuarela/papel
30.5 × 45.7 cm
Col. particular, EUA

95. *Hacedor de montañas*,
1931
Tinta negra/papel
30.5 × 45.7 cm
Col. particular, EUA

96. *Siete veces el color del
fuego*, 1931
Tinta negra/papel
30.5 × 45.7 cm
Col. particular, EUA

97. *Producción y fabricación
de motores de
automóviles*, 1931
Boceto para el muro norte
del mural *La industria de
Detroit*
Carbón/papel
45.7 × 83.8 cm
Col. Galería de Arte de la
ciudad de Leeds, Inglaterra

98. *Fabricación de cuerpos de
automóviles y el armado
final*, 1932
Dibujo para el muro sur del
mural *La industria de
Detroit*
Carbón/papel
45.7 × 83.8 cm
Col. Galería de Arte de la
ciudad de Leeds, Inglaterra

99. *Figura representando la
raza blanca*, 1932
Boceto para el muro sur
del mural *La industria de
Detroit*
Carbón y pigmentos café y
rojo/papel
271 × 584 cm
Col. Instituto de Artes de
Detroit, EUA

100. *Mujer con frutas*, 1932
Boceto para el muro este
del mural *La industria de
Detroit*

Carbón y pigmento rojo y
café/papel
255 × 221 cm
Col. Instituto de Artes de
Detroit

101. *Vacunación*, 1932
Boceto para el muro norte
del mural *La industria de
Detroit*
Carbón con pigmento
rojo/papel
255 × 220 cm
Col. Instituto de Artes de
Detroit

102. *Retrato de Robert H.
Tannahill*, 1932
Gis negro y rojo/papel
73 × 57.9 cm
Col. Instituto de Artes de
Detroit

103. *Zapata*, 1932
Estudio para litografía
Gis rojo/papel
45.7 × 37.7 cm
Col. Museo de Arte de
Filadelfia

104. *El hombre en el cruce de
los caminos*, 1932
Estudio para el mural
destruido del Rockefeller
Center, Nueva York
Lápiz/papel
78.7 × 181 cm
Col. Museo de Arte
Moderno, Nueva York

105. *Maternidad mecánica*, 1933
Acuarela/papel
47 × 25 cm
Col. Dolores Olmedo

106. *Zandunga, baile de
Tehuantepec*, 1935
Carbón y acuarela/papel
48.1 × 60.6 cm
Col. Museo de Arte del
Condado de Los Angeles

107. *Mujer mexicana con
canasta*, 1935
Gis negro y rojo/papel
55.4 × 41.9 cm
Col. Museo de Arte
Moderno de San Francisco

108. *Venta de huaraches*, 1936
Tinta y acuarela/papel
26 × 37.5 cm
Col. Museo de Arte del
Condado de Los Angeles

109. *Indígena de perfil con
alcatraces*, 1938
Pastel y carbón/papel
62.9 × 47.5 cm
Col. Kenneth E. Hill y
señora, EUA

110. *Mujer indígena con lilas*,
1938
Pastel y carbón/papel
63.1 × 47.5 cm
Col. Museo de Arte de
Milwaukee

111. *Mujer indígena con
caléndulas*, 1938
Pastel y carbón/papel
63 × 48.5 cm
Col. Dolores Olmedo

112. *Frida Kahlo, Diego Rivera y
Paulette Goddard
sosteniendo el árbol de la
vida y el amor*, 1940
Estudio para el mural
Unidad panamericana del
Colegio de la Ciudad de San
Francisco, California
Lápiz/papel
51.2 × 85.4 cm
Col. Museo de Arte
Moderno de San Francisco

113. *Volcán en erupción*, 1943
Del álbum *Paricutín*
Acuarela/papel

44 × 31 cm
Col. INBA, Museo y Casa de
la Cultura Diego Rivera,
Guanajuato

114. *Tres ramas*, 1943
Del álbum *Paricutín*
Acuarela
47.5 × 31.3 cm
Col. INBA, Museo y Casa de
la Cultura Diego Rivera,
Guanajuato

115. *Domingo de Ramos en
Xochimilco*, 1948
Lápiz y carbón/papel
38.7 × 28 cm
Col. Dolores Olmedo

116. *Autorretrato*, 1949
Gis negro/papel
36.2 × 28.6 cm
Col. Dolores Olmedo

117. *Cuatro jugadores de pelota
y escena de batalla con
Caballero Aguila y Caballero
Tigre*, 1950-1957
Estudio para murales del
Estadio Olímpico de Ciudad
Universitaria
Lápiz/papel
46 × 62 cm
Col. Museo Universitario de
Ciencias y Artes, UNAM

118. *Bailarín, bailarín con
sonajas, tres personas
sentadas, arquero y
lancero*, 1950/1957
Estudio para murales del
Estadio Olímpico de Ciudad
Universitaria
Lápiz/papel
46 × 62 cm
Col. Museo Universitario de
Ciencias y Artes, UNAM

120. *Mujer luchando con la
muerte*, 1950/1957
Estudio para murales del

Estadio Olímpico de Ciudad
Universitaria
Lápiz/papel
46 × 62 cm
Col. Museo Universitario de
Ciencias y Artes, UNAM

121. *Escudo de la Universidad*,
1950/1957
Estudio para los murales
del Estadio Olímpico de
Ciudad Universitaria
Lápiz/papel
46 × 62 cm
Col. Museo Universitario de
Ciencias y Artes, UNAM

122. *Retrato de Cantinflas*, 1953
Estudio para el mural del
Teatro de los Insurgentes
Lápiz/papel
48.3 × 63.5 cm
Col. Sr. y Sra. David R.
Sacks, EUA

123. *La ofrenda I*, 1954
Gis negro o carbón/papel
39.4 × 27.3 cm
Col. Dolores Olmedo

124. *La ofrenda II*, 1954
Gis negro o carbón/papel
39.4 × 27.7 cm
Col. Dolores Olmedo

125. *Retrato de Pita Amor*, 1957
Lápiz/papel
39 × 28 cm
Col. Dolores Olmedo

DIEGO RIVERA A TRAVES DEL OJO DE LA CAMARA

LOLA ALVAREZ BRAVO (México, 1907)

1. *Diego Rivera I*, ca. 1930
Impresión moderna,
plata/gelatina
18.4 × 22.9 cm
Col. Instituto de Artes de
Detroit

Diego Rivera II, ca. 1930
Impresión moderna,
plata/gelatina
23.2 × 17.3 cm
Col. Instituto de Artes de
Detroit

3. *Diego Rivera III*, ca. 1940
Impresión moderna,
plata/gelatina
22.4 × 18.4 cm
Col. Instituto de Artes de
Detroit

GISELE FREUND (Alemania-Francia, 1912)

4. *Diego Rivera trabajando en
el cárcamo del Río Lerma*,
1950
32 × 27.9 cm
Impresión moderna,
plata/gelatina
Col. de la autora

5. *Diego Rivera trabajando en
el cárcamo del Río Lerma*,
1950
Impresión moderna,
plata/gelatina
30.5 × 27.9 cm
Col. de la autora

6. *Diego Rivera con perro en
el jardín en Coyoacán*, 1951
Impresión moderna,
plata/gelatina
29.1 × 28 cm
Col. de la autora

7. *Frida Kahlo en su cama,* 1951
Impresión moderna,
plata/gelatina
29.1 × 28 cm
Col. de la autora

**FRITZ HENLE
(Alemania-Estados
Unidos, 1909)**

8. *Diego Rivera y una cabeza
precolombina,* 1943
Impresión moderna,
plata/gelatina
22.8 × 22.8 cm
Col. del autor

9. *Diego Rivera descansando
en un jardín,* 1943
Impresión moderna,
plata/gelatina
23.6 × 22.9 cm
Col. del autor

10. *Las manos de Diego Rivera,*
1943
Impresión moderna,
plata/gelatina
34.3 × 27 cm
Col. del autor

11. *Nieves Orozco, una de las
Modelos de Diego Rivera,*
1943
Impresión moderna,
plata/gelatina
23.5 × 22.6 cm
Col. del autor

12. *Nieves ó Nieves detrás de
una hoja de plátano,* 1943
Impresión moderna,
plata/gelatina
22.3 × 21.9 cm
Col. del autor

**PETER A. JULEY Y PAUL
JULEY
(Estados Unidos, 1862-
1937 y 1890-1975,
respectivamente)**

13. *Diego Rivera,* ca. 1930
Impresión moderna,
plata/gelatina
24.6 × 19.7 cm
Col. Instituto de Artes de
Detroit

14. *Diego Rivera frente al
mural del Palacio de Cortés
en Cuernavaca, panel de
Zapata,* 1930
Impresión moderna,
plata/gelatina
24.1 × 19 cm
Col. Instituto de Artes de
Detroit

15. *Diego Rivera con niño,
perico y mujer no
identificada,* 1930
Impresión moderna,
plata/gelatina
19.7 × 24.5 cm
Col. Instituto de Artes de
Detroit

16. *Diego Rivera trabajando en
el mural "Alegoría de
California", en San
Francisco,* 1930
Impresión moderna,
plata/gelatina
24.7 × 19.7 cm
Col. Instituto de Artes de
Detroit

17. *Diego Rivera y Frida Kahlo,*
1931
Impresión moderna,
plata/gelatina
24.7 × 19.7 cm
Col. Instituto de Artes de
Detroit

18. *Diego Rivera con Lucille
Blanch; Frida Kahlo con
Arnold Blanch,* 1931
Impresión moderna,
plata/gelatina
24.5 × 19.2 cm
Col. Museo de Arte de
Filadelfia

19. *Diego Rivera trabajando en
el mural portátil "La*

liberación del peón", 1931
Impresión moderna,
plata/gelatina
24.7 × 19.7 cm
Col. Instituto de Artes de
Detroit

**HERMANOS MAYO
(España-México)**

Francisco Souza Fernández	1912
Julio Souza Fernández	1917
Cándido Souza Fernández	1922-1984
Faustino del Castillo	1915
Pablo del Castillo	1922

20. *Diego Rivera,* 1955-1957
Impresión moderna,
plata/gelatina
24.5 × 16.3 cm
Col. Instituto de Artes de
Detroit

21. *Diego Rivera II,* 1955-1957
Impresión moderna,
plata/gelatina
24.5 × 16.4 cm
Col. Instituto de Artes de
Detroit

22. *Diego Rivera III,* 1955-1957
Impresión moderna,
plata/gelatina
19 × 19.3 cm
Col. Instituto de Artes de
Detroit

**NICKOLAS MURRAY
(Hungría/Estados Unidos
1892-1965)**

23. *Diego Rivera y su esposa
Frida Kahlo,* ca. 1930
Impresión antigua,
plata/gelatina
24.1 × 16.3 cm
Museo Internacional de
Fotografía, Casa de George
Eastman, Rochester, Nueva
York

EMMY LOU PACKARD
(Estados Unidos, 1914)

24. *Diego Rivera*, 1941
Impresión moderna,
plata/gelatina
50.8 × 40.7 cm
Col. de la autora

25. *Diego Rivera y Frida Kahlo
en su comedor en
Coyoacán, México*, 1941
Impresión moderna,
plata/gelatina
27.3 × 27.3 cm
Col. de la autora

PETER STACKPOLE
(Estados Unidos, 1913)

26. *Diego Rivera dibujando los
cartones para el mural
"Unidad Panamericana".
Exposición Internacional
Golden Gate*, 1939
Impresión antigua,
plata/gelatina
24.4 × 18.7 cm
Col. Museo de Oakland

27. *Diego Rivera dibujando para el
mural "Unidad Panamericana",
Exposición
Internacional Golden Gate*,
1939-1940
Impresión moderna,
plata/gelatina
23.8 × 19 cm
Col. Instituto de Artes de
Detroit

28. *Diego Rivera comiendo*,
1939-1940
Impresión moderna,
plata/gelatina
23.8 × 19 cm
Col. Instituto de Artes de
Detroit

29. *Diego Rivera haciendo una
escultura de Greta Garbo
de un hueso de pavo*, 1939

Impresión moderna,
plata/gelatina
23.8 × 18.8 cm
Col. Instituto de Artes de
Detroit

30. *Diego Rivera con una
escultura de Greta Garbo,
hecha con un hueso de
pavo*, 1939-1940
Impresión moderna,
plata/gelatina
23.8 × 19 cm
Col. Instituto de Artes de
Detroit

MARCEL STERNBERGER
(Hungría/Estados Unidos,
1899-1956)

31. *Diego Rivera. Caricatura
fotográfica I*, 1952
Impresión moderna,
plata/gelatina
34.3 × 27 cm
Col. Instituto de Artes de
Detroit

32. *Diego Rivera. Caricatura
fotográfica II*, 1952
Impresión moderna,
plata/gelatina
34.3 × 27 cm
Col. Instituto de Artes de
Detroit

33. *Diego Rivera. Caricatura
fotográfica III*, 1952
Impresión moderna,
plata/gelatina
34.3 × 27 cm
Col. Instituto de Artes de
Detroit

34. *Diego y su nieto*, 1952
Impresión moderna,
plata/gelatina
34.3 × 27 cm
Col. Instituto de Artes de
Detroit

CARL VAN VECHTEN
(Estados Unidos, 1889-
1964)

35. *Diego Rivera I*, 1932
Impresión antigua,
plata/gelatina
13.1 × 8.4 cm
Col. Malú Cabrera Block

36. *Diego Rivera II*, 1932
Impresión antigua,
plata/gelatina
13.1 × 8.4 cm
Col. Malú Cabrera Block

37. *Diego Rivera III*, 1932
Impresión antigua,
plata/gelatina
13.1 × 8.4 cm
Col. Malú Cabrera Block

38. *Diego Rivera y Frida Kahlo*,
1933
Impresión moderna,
plata/gelatina
16.5 × 11.4 cm
Col. Instituto de Artes de
Detroit

JOSEPH WENGER
(Estados Unidos)

39. *Diego Rivera, ciudad de
México, agosto*, 1934
Impresión antigua,
plata/gelatina
23.5 × 14.3 cm
Col. Museo de Arte
de Filadelfia

FOTOGRAFIAS SIN FIRMA

40. *Diego Rivera frente al
relieve en mosaico de Tláloc
en el cárcamo del Río
Lerma*, 1951
Impresión moderna por

Miguel Primo Rivera
Estrada, plata/gelatina
25.3 × 20.3 cm
Col. Instituto de Artes de
Detroit

41. *Diego Rivera,* ca. 1930
Impresión moderna,
plata/gelatina
22.4 × 15.7 cm
Col. Instituto de Artes de
Detroit

42. *Diego Rivera con gatito,* ca.
1920
Impresión antigua,
plata/gelatina
12.5 × 13 cm
Col. Lucienne Bloch
Dimitroff

MANUEL ALVAREZ BRAVO

43. *Caballo de madera,* 1928
Impresión antigua,
plata/gelatina
23.8 × 19.1 cm
Col. Museo de Arte
Moderno

44. *Diego Rivera,* 1929
Impresión antigua,
plata/gelatina
23.8 × 19.5 cm
Col. del autor

45. *Diego Rivera trabajando en
un mural,* 1929
Impresión antigua,
plata/gelatina
20.2 × 25.3 cm
Col. del autor

46. *Jícamas desnudas,* 1929
Impresión antigua,
plata/gelatina
24.3 × 11.8 cm
Col. Museo de Arte
Moderno

47. *Día de Gloria,* 1930
Impresión antigua,
plata/gelatina
17 × 24.5 cm
Col. Museo de Arte
Moderno

48. *El indígena de la columna,*
1930
Impresión antigua,
plata/gelatina
24.3 × 19.3
Col. Museo de Arte
Moderno

49. *René d'Harnoncourt,* 1930
Impresión antigua,
plata/gelatina
25.4 × 20.3 cm
Col. del autor

50. *El soñador,* 1931
Impresión antigua,
plata/gelatina
18.8 × 24.1 cm
Col. Museo de Arte
Moderno

51. *Escala de escalas,* 1931
Impresión antigua,
plata/gelatina
24.7 × 19.5 cm
Col. Museo de Arte
Moderno

52. *La de las Bellas Artes,* 1931
Impresión antigua,
plata/gelatina
19 × 24.3 cm
Col. Museo de Arte
Moderno

53. *Ventana cerrada, Villa de
Guadalupe,* 1932
Impresión antigua,
plata/gelatina
19.4 × 24.5 cm
Col. Museo de Arte
Moderno

54. *El tabaco,* 1932
Impresión antigua,
plata/gelatina

24.5 × 17.8 cm
Col. Museo de Arte
Moderno

55. *Día de Muertos,* 1933
Impresión antigua,
plata/gelatina
24.5 × 18.5 cm
Col. Museo de Arte
Moderno

56. *Los agachados,* 1934
Impresión antigua,
plata/gelatina
18.4 × 24.2 cm
Col. Museo de Arte
Moderno

57. *Obrero en huelga,
asesinado,* 1934
Impresión antigua,
plata/gelatina
18.6 × 24.2 cm
Col. Museo de Arte
Moderno

58. *Trabajadores del mar,* ca.
1940
Impresión antigua,
plata/gelatina
18.5 × 24.3 cm
Col. Museo de Arte
Moderno

59. *Las lavanderas
sobreentendidas,* 1942
Impresión antigua,
plata/gelatina
24.4 × 16.9 cm
Col. Museo de Arte
Moderno,

60. *Un pez llamado sierra,* 1942
Impresión antigua,
plata/gelatina
24.1 × 17 cm
Col. Museo de Arte
Moderno

61. *La cárcel,* 1943
Impresión antigua,
plata/gelatina
24.3 × 18.2 cm
Col. Museo de Arte
Moderno

HUGO BREHME
(Alemania, 1882-1954)

62. *Figuras de Calaveras, Día de Muertos*, 1910
Impresión moderna, plata/gelatina
24.6 × 34.4
Col. Fundación Suiza de Fotografía, Zurich

63. *Vendedor de canastas*, 1940
Impresión moderna, plata/gelatina virada
34.4 × 24.4 cm
Col. Fundación Suiza de Fotografía, Zurich

64. *Pulquería*, 1910
Impresión moderna, plata/gelatina virada
24 × 34.4 cm
Col. Fundación Suiza de Fotografía, Zurich

65. *Emiliano y Eufemio Zapata con sus esposas*, 1914
Impresión moderna, plata/gelatina virada
24.4 × 34.4 cm
Col. Fundación Suiza de Fotografía, Zurich

Serie *México pintoresco*, 1923
En exposición:

66. a) *Popocatépetl, visto desde Sacromonte, Amecameca*
Rotograbado
21.3 × 15.6 cm
Col. particular

b). *Popocatépetl en erupción visto desde Tlamacas*
Rotograbado
21.3 × 15.7 cm
Col. Ralph W. Betelheim y señora

67. *Mercado de Amecameca*
Impresión antigua, plata/gelatina virada
17 × 11.8 cm
Col. Instituto de Artes de Detroit

68. *Quema de judas el Sábado de Gloria en la calle de Tacuba, México*
Impresión moderna, plata/gelatina virada
24.8 × 34.4 cm
Fundación Suiza de Fotografía, Zurich

69. *Popocatépetl*
Impresión antigua, plata/gelatina virada
12.1 × 17.5 cm
Col. Instituto de Artes de Detroit

70. *Taxco*
Impresión antigua, plata/gelatina virada
17 × 12.2 cm
Col. Instituto de Artes de Detroit

71. *Pirámide, Teotihuacán*
Impresión antigua, plata/gelatina virada
17.2 × 12.3 cm
Col. Instituto de Artes de Detroit

TINA MODOTTI

72. *Escala*, 1923-1926
Impresión antigua, platino
18.3 × 23.6 cm
Col. Museo de Arte Moderno, Nueva York

73. *Experimento en formas relacionadas (copas de vino)*, 1924
Impresión antigua, platino
17.8 × 23.8 cm
Col. Galería de Arte del Mills College, Oakland

74. *Jean Charlot*, 1924
Impresión antigua, plata/gelatina
23.9 × 18 cm
Col. Jean Charlot, Universidad de Hawai

75. *Rosas*, 1924
Impresión moderna por Manuel Alvarez Bravo Paladio
18.5 × 21.8 cm
Col. Manuel Alvarez Bravo

76. *Mujer, México*, 1924
Impresión antigua, plata/gelatina
12.2 × 7.4 cm
Col. Museo Internacional de Fotografía de la Casa de George Eastman, Rochester, Nueva York

77. *Bebé, México*, 1926
Impresión antigua, plata/gelatina
25.5 × 20.6 cm
Col. Ralph W. Bettelheim y señora, EUA

78. *Bebé, México (retrato de Guadalupe Rivera Marín a los dos años)*, 1926
Impresión antigua, plata/gelatina
19.8 × 16.4 cm
Col. Ignacio Iturbe

79. *Manos descansando sobre una herramienta*, 1926
Impresión antigua, plata/gelatina
18.8 × 21.6 cm
Col. Museo de Arte Moderno, Nueva York

80. *Casa en Tehuantepec*, 1926
Impresión antigua, plata/gelatina
19 × 24.5 cm
Col. Ex-libris, Nueva York

81. *Alcatraces*, 1927
     Impresión antigua/platino
     23.5 × 18 cm
     Col. Instituto de Artes de
     Detroit

82. *Mujer embarazada y niño,*
     Oaxaca, México, 1929
     Impresión antigua,
     plata/gelatina
     22.7 × 15.6 cm
     Col. Museo de Arte de
     Filadelfia

83. *Mujer de Tehuantepec,*
     México, 1925
     Impresión antigua,
     plata/gelatina
     21.2 × 18.7 cm
     Col. Museo de Arte de
     Filadelfia

84. *Alcatraz*, s/f
     Impresión antigua,
     plata/gelatina
     21.6 × 17.8 cm
     Col. Museo de Arte
     Moderno, Nueva York

85. *Convento de Tepotzotlán,*
     México, s/f
     Impresión antigua,
     plata/gelatina
     21.1 × 17.1 cm
     Col. Museo de Arte
     Moderno, Nueva York

86. *Marioneta*, s/f
     Impresión antigua,
     plata/gelatina
     23.2 × 18.4 cm
     Col. Ex-libris, Nueva York

EDWARD WESTON
(1886-1958)

87. *Xavier Guerrero*, 1922
     Impresión antigua,
     plata/gelatina
     24.4 × 18.7 cm
     Col. Ex-libris, Nueva York

88. *Diego Rivera*, 1924
     Impresión antigua,
     plata/gelatina
     9.6 × 7.4 cm
     Col. Ex-libris, Nueva York

89. *Diego Rivera*, 1924
     Impresión antigua,
     plata/gelatina
     24.3 × 18.4 cm
     Col. Centro de Fotografía
     Creativa, Tucson

90. *Federico Marín, Jean*
     Charlot y Tina Modotti en
     la azotea, 1924
     Impresión antigua,
     plata/gelatina
     18.5 × 23.6 cm
     Col. Jean Charlot,
     Universidad de Hawaï

91. *Guadalupe Marín de Rivera,*
     1924
     Impresión antigua,
     plata/gelatina
     20.7 × 17.8 cm
     Col. Museo Internacional de
     Fotografía, Casa de George
     Eastman, Rochester

92. *Retrato de Tina Modotti* ó
     Tina Modotti con una
     lágrima en la mejilla, 1924
     Impresión antigua,
     plata/gelatina
     22.6 × 18.8 cm
     Col. Museo de Arte
     Moderno, Nueva York

93. *Tina en una azotea*, 1925
     Impresión antigua,
     plata/gelatina
     20.3 × 25.3 cm
     Col. Frederick P. Currier

94. *Calle de Rayón (pulquería),*
     1926
     Impresión antigua,
     plata/gelatina
     24.1 × 17.2 cm
     Col. Jean Charlot,
     Universidad de Hawaï

95. *Un rato (pulquería)*, 1926
     Impresión antigua,
     plata/gelatina
     19 × 23.4 cm
     Col. Jean Charlot,
     Universidad de Hawaï

96. *Ollas negras apiladas en el*
     mercado de Oaxaca u *Ollas*
     No. 2, 1926
     Impresión antigua,
     plata/gelatina
     Col. Museo de Arte
     Moderno de San Francisco

97. *Jean Charlot*, 1926
     Impresión antigua,
     plata/gelatina
     23.4 × 17.7 cm
     Col. Jean Charlot,
     Universidad de Hawaï

98. *Jean Charlot*, 1926
     Impresión antigua,
     plata/gelatina
     9.7 × 7.2 cm
     Col. Jean Charlot,
     Universidad de Hawaï

99. *Jean Charlot*, 1926
     Impresión antigua,
     plata/gelatina
     9.5 × 7.2 cm
     Col. Jean Charlot,
     Universidad de Hawaï

100. *Jean Charlot*, 1926
     Impresión antigua,
     plata/gelatina
     9.6 × 7.4 cm
     Col. Jean Charlot,
     Universidad de Hawaï

101. *Maguey, México*, 1926
     Impresión moderna por
     Cole Weston,
     plata/gelatina
     18.7 × 24 cm
     Col. Museo de Arte de
     Filadelfia

102. *Rosa Roland de Covarrubias en traje de tehuana,* 1925
Impresión antigua, plata/gelatina
17.8 × 23.8 cm
Col. Museo de Arte Spencer, Kansas

103. *Mujer sentada en un petate,* 1926
Impresión antigua plata/gelatina

19.1 × 24 cm
Col. Centro de Fotografía Creativa, Tucson

104. *Diego Rivera frente a una escultura de Ralph Stackpole,* 1930
Impresión-proyecto por Brett Weston (1952-1954)
10.3 × 7.4 cm
Col. Galería de Arte Vassas, Poughkeepsie, Nueva York

105. *Diego Rivera,* 1930
Impresión antigua, plata/gelatina
10 × 7.4 cm
Col. Centro de Fotografía Creativa, Tucson,

Sección bibliográfica

Los ochenta volúmenes que se exhiben en la Sección Bibliográfica de *Diego Rivera. Una retrospectiva* se presentan agrupados en tres rubros. El primero, constituido por libros, revistas y catálogos monográficos, registra el interés que siempre suscitó la personalidad universal de Diego Rivera en el mundo del arte moderno; las publicaciones escogidas ofrecen una visión crítica de su obra, interesantes anecdotarios sobre su vida y material monográfico sobre las exposiciones individuales que Rivera llevó a cabo profusamente en varias ciudades, tanto en Europa como en América.

El segundo está compuesto por publicaciones de diversos géneros ilustrados por Rivera; en ellos se aprecia una línea versátil, capaz de responder a los requerimientos más diversos: el arte, la política, la literatura, la educación.

El tercero, finalmente, reúne libros especializados en el arte de México en los que ha sido destacada la obra del artista.

Las referencias bibliográficas de esta sección, así como otros documentos sobre Diego Rivera, pueden ser consultados en el Centro Nacional de Investigación, Documentación e Información de Artes Plásticas (CENIDIAP) del INBA.

Pusieron generosamente a disposición del INBA el material presentado: Alberto Beltrán, Rafael Carrillo Aspeitia, Vita Castro, Juan Coronel Rivera, Rafael Cruz Arvea, Lourdes y Alí Chumacero, María Estela Duarte de Solórzano, Olinca Fernández Ledesma, Esther R. De la Herrán, Oliverio Hinojosa, José Iturriaga, Miriam Kaiser, Fernando Leal Audirac, Dolores Olmedo, Víctor M. Reyes y señora, Guadalupe Rivera de Iturbe, Dina Sigal, Francisco Suárez Farías, Biblioteca Benjamín Franklin, Biblioteca del Instituto Nacional de Antropología e Historia (INAH), Instituto de Investigaciones Estéticas de la UNAM.

La coordinación de la Sección Bibliográfica estuvo a cargo de María Estela Duarte de Solórzano, del Programa de Documentación e Información del CENIDIAP, con la colaboración de Rafael Cruz Arvea, José Luis Torres Monjaraz, María Eloísa Velasco, Ballesteros, Lourdes Chumacero (de la Dirección de Artes Plásticas) y Javier Moyssén (del Instituto de Investigaciones Estéticas).

Cuidado de la edición: Tununa Mercado
Diseño gráfico: INBA, Eugenia Calero
                 y Ana María Monroy
Formación: Fernando Torres.

IMPRESO EN MEXICO POR LITOGRAFOS UNIDOS. S. A.

Las fotografías fueron proporcionadas por el Instituto de Artes de Detroit, con excepción de las que figuran en las páginas 16, 26, 55 y 62, que lo fueron por el CENIDIAP del INBA.

Secretaría de Educación Pública

Lic. Miguel González Avelar
Secretario

Lic. Martín Reyes Vayssade
Subsecretario de Cultura

Instituto Nacional de Bellas Artes

Lic. Javier Barros Valero
Director General

Lic. Lorenzo Hernández
*Subdirector General de Difusión y
Administración*

Mtro. Víctor Sandoval
*Subdirector General de Promoción y
Preservación del Patrimonio
Artístico Nacional*

Lic. Jaime Labastida
*Subdirector General de Educación e
Investigación Artísticas*

Dra. Teresa del Conde
Directora de Artes Plásticas

Lic. Adriana Salinas
*Directora de Difusión y Relaciones
Públicas*

Miriam Kaiser
*Directora del Museo del Palacio de
Bellas Artes*

INBA   SEP